半信半疑のフェミニズム映画批評

# 姫とホモソーシャル

鷲谷花

青土社

# まえがき

幼い頃、ディズニーの白雪姫とシンデレラが気に入っていた。

タイトルに「フェミニズム」の語の入った書籍のまえがきでこのように書き出した場合、「幼い頃、ディズニーの白雪姫とシンデレラが気に入っていた私は、成長してフェミニズムに出会ったことで回心した」と話を続けるのが筋道というものかもしれない。しかし、実際のところはそういう具合にもいかず、この二人に対しては、いまだに切り捨てがたい思い入れがある。

『白雪姫』（一九三七年）で、邪悪な女王に殺されかけて、森に逃げ込んだ白雪姫が、取り乱して地面に泣き伏していたかと思えば、「こんな時は歌えばいい」と歌い出し、挫《くじ》けた気力を自力で立て直してからのすみやかな開き直りようを見ても、やはり外見や所作に似合わずタフな性根の持ち主、という印象は変わらない。七人のこびとたちの留守宅に無断侵入した白雪姫は、勝手に一階を掃除した後に二階の寝室に上がり、こびとのベッド三人分をひとりで占領して、靴も脱がずに寝てしまう。そこにこびとたちが帰宅し、目を覚まして、当面この家に匿ってもらうための交渉を始める白雪姫は、断固としてこびと三人分のベッドに座り込みつづけ、交渉成立までその座を降りようとしない。そのくだりを思い出すたび観るたびに、敵と闘い打倒したりはしなくとも、見ず知らずの他者のテリトリーに入り込んで交渉を試みるにあたってのこの度胸、やはり大したものではないか、とカタルシスを覚える。

『シンデレラ』（一九五〇年）のシンデレラの方は、表向きは白雪姫ほどのタフな度胸を見せることはない。しかし、シンデレラが屋根裏部屋の机の引き出しを開けると、友だちのネズミや小鳥たちに着せるために手作りした小さな服がその中にぎっしり詰まっているあたり、口には出さずに内側にかかえ込んでいる鬱屈を垣間見てしまったようで、空恐ろしい感じがあった。内面に言葉にならない鬱屈があり、奇妙な趣味でそれを発散させているらしいキャラクターとは、ほかのアニメで見たキャラと引き比べても、「面白い」と思えた。『シンデレラ』を気に入るあまり、日本語吹替版のせりふと歌が入っているレコードを保護者に買ってもらい、寝かしつけ時に再生してもらっていたが、シンデレラが床掃除をしながら、意地悪な姉さんたちと声を合わせてナイチンゲールの歌を歌う場面が、記憶にある限り、「哀愁」という情緒を覚えた最初らしい。

やがて成長し、フェミニズムやジェンダー論に関連する文献を読み出したところで、白雪姫とシンデレラの評判は、概ね最悪らしいと気づいた。たとえば、若桑みどり『お姫様とジェンダー――アニメで学ぶ男と女のジェンダー学入門』（ちくま新書、二〇〇三年）は、「ディズニー・プリンセス」の物語の基本原則とは、「女の子は美しく従順であれば、地位と金のある男性に愛されて結婚し、幸福になれる」（四九―五〇頁）ということだと指摘し、「プリンセス童話は女の子に他力本願で受動的な人生を教える最高の教師である」（三四頁）と手厳しい。そういった批判には相応の文脈があることも理解している。しかし、ディズニーの白雪姫とシンデレラは、家父長制にとっては好都合で、当人にとっては不都合な生き方へと女子を誘導する「モデル」というよりは、それぞれに個性のある「面白い人物」だという個人的な考えを撤回する必要を感じたことはなく、むしろフェミニズムやジェンダー論を経由することで、より「面白さ」の実感が強まったとも考えている。

実際の人生でも、映画はじめ創作物の作り出す世界でも、性別による筋の通らない扱いの種が尽きないことは承知している。その一方で、フェミニズムの語彙と方法論を用いて、そうした「筋の通らなさ」を剔抉《てっけつ》する批評的アプローチでありさえすれば、ことごとく「筋が通っている」と認められるというわけではないことも、たびたび実感してきた。とはいえ、当然自然のごとくに人類を性別を基準にグループ分けし、待遇に差をつけることの「筋を問う」作業を、諦めずに継続していく必要性を疑ったことはない。

本書の各章でも引用しているローラ・マルヴィ、リンダ・ウィリアムズ、キャロル・J・クローヴァーら、二〇世紀後半の英語圏のフェミニスト映画批評・研究の成果の数々に、著者は多大な影響を受けている。個別の論で最終的に導き出される結論それ自体には同意しかねる場合はあったとしても、そこでそれぞれに示されていた、「映画に登場する女性のイメージ、アクション、ストーリーに関心をもち、細部まで注意深く見る」試みには、映画について書きつづけること、ひいては生きつづけることへの少なからぬモチベーションを得てきた。

人間は、自分自身の性別や、「異性」「同性」との関係といった厄介な課題と葛藤しながら、一回限りしかない人生を個別に生きざるを得ない。その一回限りのそれぞれの人生の中で、注意深く見ようとすればするほど、映画に表れる人間の生／性の見え方は、個別的・特殊なものとなることが避けられない。そのように見えてきた諸々の事象を、改めて社会的な文脈に関連づけようと試みれば、他者のフェミニズムの言説との葛藤も生じてくる。ディズニーの白雪姫とシンデレラの場合のように、フェミニズムの側からの否定に必ずしも同意できないこともあり、逆に「フェミニズム的」であると肯定的に評価される対象に、こちらが疑念をもつ場合もある。いずれにしても、そこで他者のフェミニズムを不要と切り捨て、自己の好悪の感情のみに籠《こも》るのではなく、かといって、一切の謀反気《むほんぎ》を放棄し、フェミニズムのドグマ（といえるものが実在するかは定かではないが）への没入を目指すわけでもない。自己の直観と、外部から届くフェミニズムの言説の両面に対して、半信半疑で向き合い、対話を重ねようとする。本書に収録された各章は、概ねそのように書かれた。

# 姫とホモソーシャル　目次

まえがき　I

# I　魅惑の家父長制　11

第1章　大階段上のイモータン・ジョー
——『マッドマックス　怒りのデス・ロード』、ヒエラルキーと革命　15

第2章　「代行」する王＝息子としてのバーフバリ
——女性の望みをかなえる家父長制　35

# II　黒澤明と逆らう女たち　55

第3章　真砂サバイバル
——『羅生門』における「ぐじぐじしたお芝居」とその放棄　59

第4章　姫とホモソーシャル
——『隠し砦の三悪人』における「悪」への抵抗　79

Ⅲ　内田吐夢の「反戦」　109
第5章　悔恨の舟
――内田吐夢監督作品の高倉健　113
第6章　淡島千景のまなざし
――「反・時代劇映画」的ヒロインの「フェミニズム」　133
Ⅳ　フェミニズムとホラー　153
第7章　恐怖のフェミニズム
――「ポストフェミニズム」ホラー映画論　157
第8章　破壊神創造
――二一世紀のクエンティン・タランティーノ監督作品
における「フェミニズムへのフェティシズム」　183

## V　アニメキャラの破格の魅力　209

第9章　美しい悪魔の妹たち
──『太陽の王子 ホルスの大冒険』にみる
戦後日本人形劇史とアニメーション史の交錯　213

第10章　孤高のナウシカ、「ポンコツ」のハウル
──規格外の個性と関係性　239

あとがき　261

初出一覧　264
映像作品索引　vi
人名索引　i

# 姫とホモソーシャル

## ――半信半疑のフェミニズム映画批評

# I　魅惑の家父長制

男女二元論に即して区分けされ、序列化されたメンバーからなる家〜共同体の頂点に君臨し、資源を占有し分配する権力を掌握する成人男性、すなわち家父長は、古今東西の映画の世界で、常に尊敬と愛情に値する存在としてのみ扱われてきたわけではない。たとえば、一九世紀末の舞台のメロドラマを、D・W・グリフィスが映画化した『東への道』(米、一九二〇年)に登場する家父長は、家に雇い入れたヒロイン(リリアン・ギッシュ)が、未婚にもかかわらず子どもを産んだ過去があると知らされると、詳しい事情を尋ねることもせずに、家から追い出そうとする。実際のところは、卑劣な偽装結婚の罠にはめられ、妊娠させられた後に棄てられた罪なき犠牲者であるヒロインは、「すべての真実を知ろうとしない」家父長に抗議した後に、自分から猛吹雪の戸外に飛び出してゆくが、その抗議の正当性は、誰の目にも明らかである。性的規範に関しては「保守的」とみなされてきたD・W・グリフィスの代表作においてすら、家父長は判断を誤り、愚かな過ちを犯し、家族の幸福を破壊しかける。

『東への道』の例にみるように、映画に登場する家父長は、しばしば厄介なトラブルメーカーであり、無垢で善良な者たちを傷つけ、不幸に陥れる。にもかかわらず、家父長制の家〜共同体それ自体には、犠牲を払ってでも守り、存続させなければならない何かしらの価値が見出される。過ちを犯した家父長は、結末では悔い改め、もしくは臨終を迎えて、多くの場合は息子、時には娘へと権力を譲り渡す。より若く、道理をわきまえ物わかりの良い新たな長のもとで、家父長制のコミュニティは更新され、存続してゆく。

「家父長制の害」については、はるか過去の時代から、大衆的な娯楽文化の領域でも、一定のコンセンサスが存在していた。そして、フェミニズムが大衆性を回復しつつあるかに見える現状では、家父長制に対する批判・否定は概ね「常識」化し、映画に登場する家父長が平穏無事に権力を全うできる機会はいっそう稀少になっている。その一方で、人々を支配しコントロールする強大な力を明快に表象する存在としての家父長は、しばしば映画のスペクタクルとアトラクションの中心に君臨し、センセーショナルな価値を高める役割を担う。

二〇一五年公開の『マッドマックス　怒りのデス・ロード』（豪・米、ジョージ・ミラー監督）と、同年に公開された『バーフバリ　伝説誕生』（インド、S・S・ラージャマウリ監督）及び、二〇一七年公開のその続編『バーフバリ　王の凱旋』（インド、S・S・ラージャマウリ監督）は、いずれも日本公開時に「フェミニズム」的な視点からも評価された作品だが、一方で、荒唐無稽なまでにショーアップされた家父長制のスペクタクルによって、画面内を埋め尽くす臣民と、画面を眺める観客を、交々に熱狂させた。これらの作品では、「家父長制の害に対する批判」と、「魅惑的なスペクタクル／アトラクションとしての家父長制」という、一見したところ相容れない価値が、どのような調整を経て両立し、フェミニズムに親和的な観客の支持をも得るに至ったのか、以降の各章ではその検証を試みる。

# 第1章　大階段上のイモータン・ジョー

## ――『マッドマックス　怒りのデス・ロード』、ヒエラルキーと革命

### まぼろしの大階段

『マッドマックス　怒りのデス・ロード』（ジョージ・ミラー監督、二〇一五年。以下『マッドマックスFR』と略）の初見時、映画本編が始まってかなり早い段階から、著者の脳裏に去来しはじめたのは、宝塚歌劇の銀橋《ぎんきょう》と大階段のイメージだった。

宝塚歌劇団の西と東の拠点である宝塚大劇場と東京宝塚劇場には、本舞台からオーケストラピットを隔てて客席に張り出したエプロンステージ、通称「銀橋」と、主にショーのフィナーレ～パレードで使われる電飾を散りばめた二六段の大階段という、宝塚歌劇を象徴する二つの舞台機構が備わっている。少人数、もしくはひとりきりで歌い踊りながら銀橋を渡ることは、宝塚歌劇団の各組約八〇名に及ぶメンバーのうち、特にスターとして認められた少数者の特権であり、さらに特別なトップクラスのスターだけが、背中に巨大な羽根を背負って大階段上に立ち、ただひとりで階段中央を降りることができる。『マッドマックスFR』冒頭近く、独裁者イモータ

ン・ジョー（ヒュー・キース・バーン）が足下にひしめく群衆の頭上はるか高くに姿を現し、その部下フュリオサ隊長（シャーリーズ・セロン）が、ジョーに絶対の忠誠を捧げる「ウォー・ボーイズ」たちを率いて出陣するくだりで、その銀橋と大階段のまぼろしをまざまざと見た、ような気がした。

（――つまり、イモータン・ジョーが大階段上でバーン！　とライトを浴びて「見ろ！聞け！」と歌い上げ、本舞台では白塗りダンサーズが踊り狂って群衆が大コーラス、シャーリーズ・セロンのフュリオサさんがひそかな決意と企みのソロを歌いながら銀橋を渡っていると、客席中央通路を走ってトップスターのマックスが登場する、と、これはそういう図だな。）

ひとたび銀橋と大階段を幻視してしまったら最後、逃走中のイモータン・ジョーの五人の妻のひとりケイパブル（ライリー・キーオ）が、当初は彼女たちを追跡するウォー・ボーイズのひとりだったニュークス（ニコラス・ホルト）と仲良くなれば、（ここで歌い出してデュエット開始、歌いながら手を繋いで銀橋を渡って、本舞台に戻ってかわいらしくダンス、それぞれの「影」役ダンサーが三人ずつバックで合流だ）と、新進若手男役・娘役スターの見世場を幻視し、結局、スクリーンに映し出される実際の映画と、つかず離れずオーバーラップで進行する宝塚の舞台版のまぼろしを両方見た印象を持ち帰って、一夜明けたところで、宝塚版『マッドマックスＦＲ』のフィナーレのショーのイメージがほぼ完成し、ラインダンスのロケットの掛け声は「ヤッ！　V8！」、最後のパレードでは髑髏ハンドルにチェーンが絡まったシャンシャン[1]を手に、大羽根を背負ったマックスが大階段を降りてくることに決まったので、あとは上演組と配役を決めるばかり——。初見時の晩から翌朝にかけて、著者の頭の中で起こっていたのは、だいたいこうした出来事だった。

著者は別に、日頃から映画館で映画を見るたびに、これを宝塚の舞台にしたらああなってこうなって、と、妄想をたくましくしているわけではない。むしろ、ほとんど全編通じて宝塚の舞台版が幻視できてしまう映画を、『マッドマックスFR』以前の過去に見た心当たりがない。ということは、『マッドマックスFR』は、著者が観劇をはじめた二〇〇〇年代以降の宝塚歌劇に、特に親しく相通じる要素をもつ映画ということになるのではないか。では、はたして両者はいかなる部分において繋がり、重なり合うのか。以降ではその考察を試みることにする。

『マッドマックスFR』は一般的な意味での「ミュージカル」とは異なるものの、ある種の「ミュージカル性」を体現する作品であることは間違いない。文明崩壊後の荒廃した世界において、高度に組織されたひとつの社会を築き上げ支配しているイモータン・ジョーの強大な権力は、音楽を介しても表象される。ジョーの君臨する砦（Citadel）では事あるごとにドラムが打ち鳴らされ、彼の五人の「妻たち」（Wives）が監禁されていた部屋にはグランドピアノが置かれている。そして、五人の妻たちをひそかに砦から連れ出し、装甲トレーラー「ウォー・リグ」で逃走するフュリオサを追撃するジョーの改造車軍団の中では、アンプとスピーカーを山と積んだ盆踊りの櫓《やぐら》のごときドゥーフ・ワゴンが一際《ひときわ》異彩を放ち、そこには火炎を噴き出すダブルネックギターを奏でるドゥーフ・ウォリアーと、大太鼓を叩くドラマー四名が乗り込みひたすら演奏に勤しんでいる。ドゥーフ・ワゴンの出撃場面では、当初はワゴンの背面から、ドラム四台のフロントヘッドとドラマーたちの背中を逆光で撮っていたカメラが、ショットを切らずにワゴンの前面に回り込むと、逆光が順光に変化し、まばゆい光によって見えにくかった被写体の色味が徐々に蘇って、ドゥーフ・ウォリアーの衣装の鮮やかな赤が際立ち、カメラのレンズに走って消える反射光の斜線と交差するように、ギターからオレンジの火炎が斜めに噴き出す。ただ単に音楽が奏でられるというのみならず、逆光から斜光、順光へと切れ目なく移り変わってゆく光と、青い空と金色に輝く砂漠を背景に、交錯する白と赤とオレンジの色彩のリズミカルな運動が、このワンショットのミュージカル的な興奮を否が応にも高揚させる。

イモータン・ジョーの権力は、楽器の奏でる音楽のみならず、「声」によっても表象される。追跡行が小休止し、絶え間なく演奏を続けてきたドゥーフ・ウォリアーとドラマーたちが、つかの間の眠りにつく間、代わってイモータン・ジョーがしばし鼻歌を口ずさむ。やがて、砦に向かって走行するウォー・リグを発見したジョーが、鼻歌を止めて追撃の号令をかけると、すかさず目覚めたドゥーフ・ウォリアーが、とりもなおさずギター演奏を再開する。この一連の流れは、イモータン・ジョーの統治には、声にせよ、楽器にせよ、途切れなく続くメロディとリズムが必須であることを示唆しているようでもある。ジョーの最初の登場場面で、はるか足下からジョーを見上げる群衆は、手にした道具類を打ち鳴らして「ジョー！　ジョー！」と叫び、ウォー・ボーイズは、両腕を掲げて頭上で手を組み、上下逆の「Ｖ」の文字を身体で作りつつ、「Ｖ８！　Ｖ８！」と連呼する。ジョーに従う民たちのチャント的な掛け声もまた、ジョーの力を表象する「音」の重要な一部である。そして、この統制された集団の掛け声が、『マッドマックスＦＲ』と、黒燕尾の群舞《ぐんぶ》を踊り出そうとする男役の「フッ！」から、ラインダンスを締めくくる娘役の「ヤッ！」まで、多彩な掛け声に彩られた宝塚歌劇の舞台との、聴覚的な近さを感じさせる要素のひとつとなっている。

『マッドマックスＦＲ』のせりふ全般に独特の音楽性が備わっていることは、細馬宏通『うたのしくみ 増補完全版』の、「2時間にわたる音楽付きのリリックをきいているみたいだ」というラブリーな一節を掲げた魅力的なテキストによって論じ尽されている。[2] 細馬は、映画冒頭の、マックスの“My name is Max. My world is fire and blood.”の名乗りに次いで、世界を滅ぼした災厄を物語る複数の男女の声がコーラスのように響きはじめ、「水をめぐる戦争（Water Wars）」のＷの響きの印象が粒立つ音響のデザインについて分析しているが、この場面は、暗い舞台に一条のスポットライトが当たり、観客席に背を向けて立つ男役トップスターが浮かび上がり、名乗りのナンバーを低音で歌い出すと、それに舞台裏に控える男役及び娘役による合唱、通称「カゲコーラス」が呼応し、プログラムに「亡霊男Ａ」「亡霊女Ａ」以下と記載される亡霊ダンサー集団が舞台になだれ出て、トップスターを囲んで翻弄する群舞を踊り狂う——という宝塚版のプロローグを容易に想像できるところであるだろう。

## ジェンダーとヒエラルキー

しかしながら、『マッドマックスFR』がミュージカル的な要素を多分に含む作品であり、そこではせりふは何事かを説明し討議するためというよりも、歌声のように発されると指摘するだけでは、なぜ「ミュージカル全般」ではなく、特に「宝塚歌劇」と重なり合う印象をもたらすのかの説明として、まだ十分とは言いがたい。おそらく『マッドマックスFR』と現代宝塚歌劇を結びつけるものは、それぞれの世界を支配する階層秩序（ヒエラルキー）とジェンダーの二元論の共通の構造でもあるのではないか。

宝塚歌劇団が「未婚の女性」のみから構成される劇団であり、「生徒」と通称される劇団員が、「男役」と「娘役」[3]という二つのグループに分かれ、通常はミュージカル（芝居）とショーの二部から構成される公演で、それぞれ男性役と女性役を専門に演じることは、広く知られているだろう。現状の宝塚歌劇団では、花雪月星宙の五組それぞれの頂点にトップスターが君臨し、その相手役をつとめる娘役トップスターが配属される組体制が通例だが、「娘役トップスター」を定めず、トップの相手役は公演ごとに柔軟に配役する」方式が一時的に選択される事例もある。トップスターは一定の任期を務めた後に「卒業」（退団）するルールがあり、通常は、次期トップスターの最有力候補としてトップの直下につく二番手男役スターがその座を継承する。しかし、二番手にあたるスターがトップスターより先に退団する場合、トップスターの下に決まった二番手を置かない場合、二番手クラスのスターが複数存在する場合、他組から次期トップを迎える、もしくは二番手が他組に異動してトップに就任する場合など、さまざまな例外的な事態もありうるため、二番手の立場と処遇は必ずしも安定的ではない。

ともかく、宝塚歌劇団の各組内では、男役トップスターが頂点に立ち、多くの場合はその直下に娘役トップスター、二番手クラスの男役スターが配されるピラミッド型のヒエラルキーのもとに、総勢約八〇名の生徒が序列化されて配属される。組内での各生徒の序列は、学年と成績ほか、ファンの人数、劇団経営陣の評価など、さまざまな要素を勘案して決定され、日々変動してゆく。序列の上下は、芝居での配役の重要度のみならず、ショーの群舞での立ち位置、銀橋を渡る機会の有無、衣装の飾りの微妙な違い、パレードで大階段を降りる際の位置と順番など、さまざまな記号によって、観客席に向けて示される。また、各組の頂点に君臨し、パレードで最も大きな羽を背負って最後に大階段を降りる特権は、例外なく「男役トップスター」に占有されることをはじめ、男役と娘役の間には、明確な序列・格差が設けられ、万事において優先されるのは男役であり、娘役には男役を盛り立て引き立て支えるサポート役がもっぱら求められる。

以上の宝塚歌劇団の現体制と、『マッドマックスＦＲ』の世界観の共通性を指摘することは、さほど困難ではないだろう。きわめて厳格なヒエラルキーに支配されていることが一目瞭然の世界があり、その世界の成員は男性と女性にグループ分けされてそれぞれの性別役割をあてがわれ、派手にショーアップされたパフォーマンスでもって観客の目を驚かせ楽しませるべく、涙ぐましいばかりに体を張って奮闘努力する。『マッドマックスＦＲ』の物語は、現状の世界では唯一絶対の「社会」であるイモータン・ジョーの砦を中心に展開されるが、砦の社会秩序は厳格な男女のグループ分けと性別分業の上に成立している。そこでは男は幼少時の選抜・訓練を経て、戦闘員のウォー・ボーイズとなり、若く美しい女は自由を奪われて性的搾取と再生産の道具として扱われ、経産婦となった後には重要なタンパク源としての母乳を搾り取られる。

ジョージ・ミラー監督「マッドマックス」シリーズのうち、『サンダードーム』までの三作を論じた単著『ザ・マッド・マックス・ムービーズ』[4]の著者エイドリアン・マーティンは、『マッドマックスＦＲ』公開時のレビュー[5]の冒頭で、シリーズ第一作『マッドマックス』に登場する男性たちは、「われらがヒーローであるマックス・ロカタンスキー（メル・ギブソン）を除いては、ほとんどが《クィア》である」と指摘している。さらに、『マッドマックス２』（一九八一年）と『マッドマックス／サンダードーム』（一九八五年）のシリーズ第二作、第三作では、「男女の役割は簡単に交換できる」との製作者側のコメントを引用しつつ、マーティンは、二〇世紀に公開された前三作と、『マッドマックスＦＲ』のイモータン・ジョーの支配する家父長制の砦とは、世界観及びジェンダー秩序が根源的に異なっていると論じる。確かに、第一作のフィフィとグース、トーカッターとジョニー、第二作のウェズのバイクにいつも相乗りしている金髪の少年といった、男同士の《クィア》な絆（後者の場合、金髪の少年がウェズの「愛する者」であるとはっきりと言明される）の強烈な印象は、『マッドマックスＦＲ』においては稀薄化している。コスチュームから露出したピアス付きの乳首を弄ぶ「人食い男爵」（The People Eater）に、《クィア》なイメージの継承を見出すことができるかもしれないが、彼の《クィア》性は、旧作のフィフィ、トーカッター、ウェズのように同性のパートナーとの絆に結びつくことはなく、自己充足的な状態にとどめられる。

『マッドマックスFR』の男女二元論と異性愛規範の支配は、本作を先行するシリーズ作品から隔て、宝塚歌劇の世界へとより近づける重要な要素となっている。

先行する「マッドマックス」シリーズ三作から、『マッドマックスFR』を隔て、宝塚歌劇に近づけるもうひとつの要素は、イモータン・ジョーの支配に抗い、装甲トレーラー「ウォー・リグ」に乗り込んで逃走する八名のメインキャストの、「容姿端麗」[6]によるヴィジュアルの統一感でもあるだろう。フュリオサ役のシャーリーズ・セロンは、坊主頭に異様なメイクであっても（もしくは、であるがゆえに）、素の美貌は隠しようがない。ジョーの五人の妻たち、スプレンディド（ロージー・ハンティントン＝ホワイトリー）、ケイパブル、ダグ（アビー・リー・カーショウ）、トースト（ゾーイ・クラヴィッツ）、フラジール（コートニー・イートン）が、最初に勢ぞろいで画面に登場する瞬間、白い薄衣をまとって水浴びする姿の、傷つきやすそうで見るからに「女性らしい」美しさは、過去の「マッドマックス」シリーズに登場した、男性との性差をあまり強調されないタフな女性たちとは、際立って異質な印象をもたらす。マックス役のトム・ハーディ、ニュークス役のニコラス・ホルトの男性陣も、いずれも素の美形をメイクで汚しての登場で、ことに頭を剃り上げ、白塗り・傷メイク（スカリフィケーション）を施したニコラス・ホルトの外観は、『シングルマン』の美少年とは一見似ても似つかなくなっているとしても、そこにはやはり「異様の美」というべき視覚性を見出しうる。まったく初見の状態で、宝塚の舞台に立つ人々、とりわけ男役スターの濃厚な舞台化粧を、ストレートに「美しい」と認識することは困難かもしれないが、目が慣れるまで見続けることができれば、当初「異様」とのみ見えた印象は、「異様の美」へ、さらには「洗練された美」へと徐々に印象を変えてゆく。それと同様の「異様／美」を、『マッドマックスFR』のニュークスはじめウォー・ボーイズの外観にも見出すことができるだろう。

そして、イモータン・ジョーの忠実な兵士としてつき従うウォー・ボーイズの挙動もまた、多分に宝塚歌劇の様式を彷彿とさせる。遥か高みに君臨する「トップスター」としてのイモータン・ジョーを崇拝し、その足下に少しでも近づき、目線をもらうためにはいかなる犠牲をも払おうとする勢いは、宝塚ファン的ともいえるだろう。一方で、口元に銀のスプレーを噴射して「俺を見ろ！（Witness me!）」と周囲に呼びかけつつ自爆するという彼らの戦闘の作法は、派手なパフォーマンスによって他者の目を驚かせることを最優先する美学を窺わせ、宝塚のショーの群舞で、人目を惹くスタークラスよりもはるか脇の方の立ち位置を与えられつつ、誰も自分を見ていないかもしれない広大な観客席に向かって笑顔と目線を満遍なく投げかけ、全力で走り回り歌い踊る下級生と、そのいじらしさにおいて相通じるものがある。

したがって、イモータン・ジョーのヴィジュアルを「美形の悪役」寄りにアレンジさえすれば、『マッドマックスFR』は、概ねそのまま宝塚歌劇として通用しそうである。ひとり遥か高所に立ち、彼を崇める足下の群衆の賞賛を受ける「トップスター」的な存在はイモータン・ジョーだが、タイトルロールの「主人公」はマックスであるという、「トップが二人」の不整合は、宝塚の「専科」システムによって解決しうるだろう。

宝塚歌劇団には、ベテランの年長者や、歌やダンスや芝居の専門的技能に優れたメンバーの集まる「専科」が、五組とは独立した形で存在している。専科のメンバーは、各組の公演に客演し、基本的に「若く美しい」男女の役を得意とする組配属の生徒には演じにくい年輩の人物を演じるほか、それぞれの得意分野を活かしたパフォーマンスを行う。元トップスターが専科に配属された際は、五組のトップスターと同格もしくは別格の地位を認められる伝統があり、二〇〇二年に雪組トップスターを卒業後、専科に異動し、長年「専科のトップスター」というべき立場を占めてきた轟悠は、各組の公演に主演する特別な資格を認められてきた。たとえば、シェイクスピアの『ジュリアス・シーザー』を翻案した二〇〇七年の宝塚大劇場月組公演『暁のローマ』(木村信司作・演出)では、轟悠が原作タイトルロールのカエサルを演じ、「カエサルはえらい／カエサルはえらい」と歌い踊る群衆を従えて意気揚々と銀橋を渡った、一方、当時の月組トップスターの瀬奈じゅんは、実質的な主役であるブルータスを演じ、劇の中盤で轟カエサルを暗殺し、つかの間ローマの覇権を奪取した。それと同要領で、現体制の宝塚で『マッドマックスFR』が上演されるとしたら、マックスはその組のトップスターが演じ、イモータン・ジョーは轟悠が演じる配役が妥当ということになるのではないか[7]。

宝塚版『マッドマックスFR』では、マックスは上演組のトップスター、イモータン・ジョーは専科のトップスターの役だとすれば、フュリオサは娘役トップスターの役なのだろうか？　その時その組の娘役トップスターの個性次第で、その配役が成立する可能性はある。フュリオサの坊主頭に隻腕《せきわん》、グリースによる真っ黒なアイメイクという外観は、宝塚の娘役スターが再現するにはいささかハードルが高い。また、一般にファンが宝塚の娘役に対して求める、可憐、清楚、三歩下がって男役の影を踏まない慎み深さ、ショーのダンスで男役にリフトされる際に相手の負担とならないほっそりと華奢な体型といった資質も、タフで骨太な戦士であるフェリオサという人物像にはあまりそぐわないものであるだろう。おそらくフュリオサとは、宝塚の二番手クラスの男役スターが「女装」して演じるのにふさわしい役なのだ。

宝塚の娘役スターが得意とする「可憐なヒロイン」とは異質なタイプの女性キャラクターは、しばしば「女装」した男役スターによって演じられてきた。『ベルサイユのばら』(池田理代子原作、植田紳爾脚色・演出)のオスカルや、『紫子』(木原敏江原作、柴田侑宏脚色・演出)のタイトルロールなど、男装した女性ヒーローの役は男役スターが演じるのが通例であり、「男装」ではなくても、強烈な押し出し、自己主張、タフネス、戦闘性といった属性を伴う役であれば、男役スターが演じて不都合はないとみなされる場合も多い。

贔屓《ひいき》の男役スターが女役を演じることが、常にファンによって歓迎されるとは限らないが、少なくとも特別な注目を集める機会となることは確かであり、一時的に性別を変更して、周囲の男役スターたちと通常と異なる関係性を生きる過程には、ファンの側にはエロティックな刺激、もしくは「萌え」をもたらす可能性が潜在する。スーザン・ソンタグは、『《キャンプ》についてのノート』には、「性的魅力の最も洗練されたかたちは(そして性的快楽の最も洗練されたかたちも)本来の性に逆らうところにあるのだ。男性的な男の最も美しいところは、どこか女性的であり、女性的な女の最も美しいところは、どこか男性的でもある」という一節がある。[8] 男役となることでまず生物学的女性としての「本来の性」に逆らい、そこから「女装」することで、男役という「本来の性」に対しても逆らう「男役の女装」には、ソンタグのいう「性的魅力の最も洗練されたかたち」に到達するポテンシャルが備わっている。いずれにせよ、男役の演じる女役は、美しさや色気、清らかなイメージといった「女らしさ」と、押し出しの強さや凛々《りり》しさ、猛々しさといった「男らしさ」を両立しうる「おいしい」役なのであり、演じる当人の資質と演じられるキャラクターの造型に齟齬や破綻がなければ、スターとしての地位を飛躍的に向上させるチャンスともなる。[9]

『マッドマックスＦＲ』のフュリオサが「男役が演じる女役」に見えるとしたら、「女たちのグループ」と良好な関係を保ちながらも、いずれに対しても完全には帰属することはない立ち位置ゆえでもあるだろう。男性と女性のグループが厳密に区分されるイモータン・ジョーの砦においてフュリオサは、生物学的には女性の身体を持ちつつ、男性グループの側に属する唯一の存在であり、しかもトップクラスの序列を占めている。フュリオサは、砦社会での「男の仕事」としての乗り物の運転及び戦闘の経験と能力、性的身体を搾取的に使用される役割からの解放、ある程度の行動の自由、部下を統率し命令する権威、「女たちのグループ」内の他の女性たちのもたない特権の数々を占有している。砦を脱出して「緑の地（green place of many mothers）」へと向かう逃避行を共にする五人の妻たちと、フュリオサとの間には連帯と協力が成立してはいるものの、双方は「五人グループとひとり」の構図で相対し、前者に属するひとりひとりの個人と、フュリオサとの間に個別的な人間関係が成り立っている気配は薄い。五人の妻たちに対し、フュリオサは基本的に道を指し示し、指揮を執り、彼女たちを守って敵と闘う「男役」的な立場に立ち、妻たちはフュリオサのダイナミックな行動をサポートする「娘役」的な立場に回る。フュリオサと妻たちとの間の距離は、前者がウォー・リグの運転席に、後者が後部座席に場を占めることで、物理的にも隔てられており、やがてマックスが助手席に乗り込んできて、フュリオサと同一空間、同一フレームを長い時間にわたって共有することになる。

また、イモータン・ジョーの支配する域の外部にて活動する、もうひとつの「女たちのグループ」である「鉄馬の女たち（The Vuvalini）」は、幼少時に誘拐されるまでフュリオサが母親と共に帰属していたコミュニティの生き残りであり、卓越した戦闘能力と乗り物の運転能力を彼女と共有してもいる。しかし、映画の後半で両者が再会したとき、フュリオサは若く美しい外観によって、年配者の集団である鉄馬の女たちからまず視覚的に隔てられ、そして両者の共通の故郷としての「緑の地」は、土壌汚染によってすでに失われていることが判明する。

フュリオサ以下ウォー・リグのグループと、鉄馬の女グループの遭遇場面は、複数の性別集団に対するフュリオサの立ち位置を明示する場面ともなっている。当初、フュリオサひとりが前に進み出て、自分が鉄馬の女たちの一族であると名乗り、それを認められて、集まってきた鉄馬の女たちと挨拶を交わす。続いて五人の妻たちが鉄馬の女たちに向かって進み出て、それぞれに微笑ましいやりとりを交わす。しかし、故郷の喪失を告げられたフュリオサは、他の女性たちとは離れて、砂漠の地平線に向かって独り歩いてゆき、やがて砂の上に崩れ落ちて慟哭する。彼女の孤立と悲嘆が、その場に居合わせる「女たちのグループ」の誰とも完全には分かち合いがたいものであることを強調するように、慟哭するフュリオサは一連のロングのシングルショットで映し出され、それに続いて凝視するマックスのクロースアップが示される。ここでも、他の女性たちから離れたフュリオサは、画面上ではマックスと関連づけられる。

『マッドマックスFR』においては、生物学的な女性身体を共有するはずの者たちの間にも、ジェンダーの分化が生じる傾向があり、そこでフュリオサは常に「女たちのグループ」と距離を保ち、その外側に立つ。五人の妻たち、鉄馬の女たちが、いずれも他の同性と同じフレームを共有する集団ショットで映し出されることが多いのに対し、フュリオサはもっぱらシングルショットで映し出され、彼女と同一フレームを共有する機会が最も多い人物は、同性ではなくマックスである。他の同性のグループに対しては常に一定の距離を保つ一方、男性主人公（トップスター）と恋愛関係ではない特別な繋がりをもつ人物としてのフュリオサの存在感は、やはり多くの面において、宝塚歌劇の「男役の演じる女役」に相通じるのではないか。

## 権力と革命の祝祭

イモータン・ジョーの砦と宝塚歌劇、厳密な上下の序列によって構築されたピラミッド内で、男女が明確にグループ分けされ、それぞれの性別役割に粉骨砕身しているのが一目瞭然であるような社会空間の光景には、ファンを強く魅惑する力があるのは間違いない。しかし、そのシステムが、万人の平等、差別の撤廃、民主主義といった現代の価値基準からは、「正しい」とは認めがたいものであることもまた一目瞭然である。そこで、快楽と公正の感覚を両立させるべく、旧体制転覆のドラマが展開されることになる。

宝塚歌劇団の厳密な序列と階層秩序には、流動性と暫定性が予めインストールされている。年度ごとに宝塚音楽学校の卒業生が新たに入団する一方、公演ごとに数名の退団者が劇団を去り、各組を代表するトップスターもやがて卒業の日を迎え、体制は日々移り変わってゆく。ピラミッドの最下層に位置づけられる下級生は、学年が上がることによって立場を上昇させてゆくが、実力、人気、劇団経営陣の意向などの諸々の要因に押し上げられて、上級生をごぼう抜きにした「下剋上」を果たし、トップスターへの「路線」に乗る場合もある。宝塚歌劇においては、努力と根性と優れた資質とファンの支持に助けられたスターが、最底辺から頂点へと上昇し、新たな体制を築くというストーリーが、しばしば不正と不公平の影がそれを侵食し、ファンの嘆きと怒りと恨みを買ってきたとしても、ともかくも受け継がれてきている。そして、舞台では、今日に至るまで代表的な演目として再演を重ねている『ベルサイユのばら』のフランス革命をはじめ、革命、民衆暴動、下剋上、百姓一揆等々、旧体制転覆のドラマがひっきりなしに演じられ、体制の更新可能性を、虚構の側から補完する。

『マッドマックスFR』のイモータン・ジョーの体制も、いかに観客を強く魅了したとしても、道徳的には「邪悪な」体制として、最終的には転覆させられる定めを負っている。最終的に、主人公であるマックスが、フュリオサを助けて、葬り去られるべき悪である旧体制を転覆に導き、フュリオサが新たにトップに立つのを見届けて、自らは背を向けて去ってゆくというラストシーンには、やはりフュリオサは「二番手男役スターの演じる女役」であるとの印象を強化するものがある。宝塚歌劇であれば、これはトップスター退団公演で、マックスを演じる現トップスターが、フュリオサを演じる次期トップスターの二番手へと地位を継承し、自らは「卒業」してゆく光景となるところだろう。

二一世紀のアメリカ合衆国のエンターテインメントでは、「男性の王の支配する旧体制が転覆し、女性が王位を継承して、より良い新しい体制を築く」物語が語られる傾向が顕著となりつつある。たとえば二〇一〇年代以降のディズニーのアニメーション及び実写映画は、「女性による王位継承」物語を執拗に反復している。二〇一二年の『シュガー・ラッシュ』から、『アナと雪の女王』（二〇一三年）、『マレフィセント』（二〇一四年）、そして同名長編アニメーション映画の実写リメイク『アラジン』（二〇一九年）と展開してきたこの路線では、正統な王位継承権をもつ娘によって継承される、もしくは打倒される「男性の家父長である王の支配する旧体制」は、多くの場合、不正やあやまちに覆われ、改善を要する状態にあるものとして提示される。

『マッドマックスＦＲ』も、この「男性家父長の王位の女性による継承」路線に沿う作品といえるかもしれないが、「男性の家父長の支配する旧体制」が、きわめて入念に作り込まれ、かつ華麗にショーアップされることで、観客を強く魅了する力を発揮するに至った点が、本作を際立たせている。ピラミッド型の階層社会の頂点に、男性の家父長が絶対的な権威権力を掲げて君臨するという、今日ではなかなか大っぴらには肯定しがたい旧式のシチュエーションを、リソースと時間を惜しみなく注いで念入りに構築し、人海《じんかい》戦術による渾身のパフォーマンスで彩り、大がかりにショーアップして見せるために、その体制を最終的に「悪」として打倒し転覆する革命のドラマが必要とされたのではないか、という倒錯に、ふと思いを馳せる著者の脳裏では、またしてもイモータン・ジョーが大階段上でスポットライトを浴びて歌い上げ、フュリオサが銀橋を渡りはじめるのだった。

先行する「マッドマックス」シリーズ三作と同じく、『マッドマックスFR』も近未来の世界を舞台に物語を展開するが、いずれの場合も社会は前進する力を失い、近代以前にまで退行した状態にある。この未来への前進と、アナクロな過去への退行が同時進行する時制は、『マッドマックスFR』の、東へ進んだ後に西へと引き返し、出発点のイモータン・ジョーの砦に最終的に到達する、主人公一行の地理的な移動とも関連するものであるだろう。宝塚歌劇団が、旧体制から新体制への更新のドラマ／ショーを華々しく反復することで、かえって伝統的な自己同一性を保ちつづけてきたように、「マッドマックス」シリーズの革命の物語の道程も、社会が諸々の問題を検証・解決し、システムを更新して未来へと前進する再帰的な時間進行と、必ずしも同調しない。『マッドマックスFR』のクライマックスでは、女性が体制を転覆し、ヒエラルキーのトップへ到達するという、過去のシリーズには前例のなかった事態が起こりはするが、このシリーズとこの作品の時制の固有のねじれを顧みるにつけ、この革命の結果が、今現在のわれわれの望むような《未来》へとストレートに向かうという確証は、なかなか容易には得がたいところかもしれない。

## 註

［1］宝塚歌劇のフィナーレのパレードで、大階段を順々に降りてきて舞台に勢ぞろいで並ぶ出演者一同が手にしている小道具のこと。公演内容に関連するデザインのブーケに長いリボンをあしらった形状が一般的である。
［2］細馬宏通『うたのしくみ 増補完全版』ぴあ株式会社、二〇二一年、二七〇頁。
［3］大人の女性役を得意とするスターの場合、「女役」と称される場合もある。
［4］Adrian Martin, *The "Mad Max" Movies*, Currency Press and ScreenSound Australia, National Screen and Sound Archives, 2003.
［5］Adrian Martin, "Sandpiercer", *De Filmkrant*, June 6, 2015.（http://www.filmkrant.nl/world_wide_angle/12142）
［6］「容姿端麗」は今日に至るまで、宝塚歌劇団の養成機関である宝塚音楽学校の入学資格として第一に掲げられる、タカラジェンヌとなるにあたっての最重要条件である。
［7］本章を校正中に、轟悠は二〇二一年一〇月付で宝塚歌劇団を退団した。
［8］スーザン・ソンタグ「《キャンプ》についてのノート」喜志哲雄訳、『反解釈』高橋康也他訳、ちくま学芸文庫、一九九六年、四三八頁
［9］たとえば、下級生時にはトップスター候補からは外されていた（トップスターへの「路線」に乗る重要条件のひとつとしての新人公演の主演者に選ばれなかった）朝海ひかるは、一九九九年の雪組大劇場公演『ノバ・ボサ・ノバ』にて、娘役二番手クラスの役であるブリーザを役替わりで演じたことを機に人気が急上昇し、以降も『風と共に去りぬ』のスカーレット・オハラなどの重要な女役を演じた後に、二〇〇二年に雪組トップスターへの就任を果たした。

## 参考文献

宮本直美『宝塚ファンの社会学――スターは劇場の外で作られる』青弓社、二〇一一年。

# 第2章　「代行」する王＝息子としてのバーフバリ
## ——女性の望みをかなえる家父長制

### 超男性・超家父長

『バーフバリ　伝説誕生』（以下『伝説誕生』）と、『バーフバリ　王の凱旋』（以下『王の凱旋』）の二部作で主演スターのプラバースの演じた「バーフバリ」の名をもつ父と息子の二代の主人公は、いずれも超男性的なヒーローとして活躍する。両者は古代インドの強大な帝国マヒシュマティの正統な王位継承者であり、その姿を目にするたびに、民衆は地を揺るがすばかりの「バーフバリ！　バーフバリ！」の歓呼を挙げる。父アマレンドラ・バーフバリは、神殿のごとき巨大な山《だ》車《し》を単身で曳いて暴れゾウに立ち向かい、息子マヘンドラ・バーフバリは、並の人間が数百人でかかっても容易には動かせない巨大な黄金像をひとりで支えて立つ。百人力、あるいは二百人力の人間離れした大力を備えた二人のヒーローは、雲の上から落ちてくるといわれる巨大な瀑布をよじ登り、聳《そび》え立つ城壁を飛び越え、あらゆる障害、あらゆる敵をやすやすと打倒し、ひとめ惚れしたてごわい美女を相手に強引な求愛の儀式を行い、ついにその愛を勝ち取る。

『バーフバリ』二部作は、近代よりもはるか過去の時代の、王侯貴族、商人、平民、奴隷と、上から下まで明瞭に階層化された社会の頂点に君臨する、理想的な家父長を寿《ことほ》ぐ物語を、それぞれに高らかに語る。たとえば、『王の凱旋』の次の場面では、家父長の意志と力の超越性が、華麗にショーアップされた見世場を形作る。アマレンドラ・バーフバリの妃デーヴァセーナ（アヌシュカ・シェッティ）は、よこしまな欲望をもって自分の体に手を触れようとした軍人セートゥーパティ（ラケシュ・ヴァーレ）の指を短刀で切り落とす。マヒシュマティ王国の国王バラーラデーヴァ（ラーナー・ダッグバーティ）の直属の部下を傷つけた罪に問われたデーヴァセーナは、裁きを受けるためにバラーラデーヴァと国母シヴァガミ（ラムヤ・クリシュナ）の前に引き出されるが、罪人として鎖で繋がれる処遇の不正を非難し、バラーラデーヴァの王としての正統性を否定する。そこに怒気に満ちたアマレンドラが、風に髪と髭をなびかせつつ、テーマ曲と共に登場し、デーヴァセーナの無実の訴えを聞くと、「デーヴァセーナよ、そなたは過ちを犯した。切り落とすべきはその男の指ではなく、首だった」と宣言し、一刀のもとにセートゥーパティの首を切り落とす。この場面では、ひとりの強大な家父長の意志と力がその場を制し、「目には目を、歯には歯を」の同害刑の範疇も、国家の法も超越した報復が実行される。また、高貴な人妻にみだりに手を触れた卑しき輩が、その夫に問答無用で成敗されることを是とする厳格な階級制の支配が顕示される。

しかし、『王の凱旋』の「切り落とすべきは〜」の斬首の場面は、日本公開時に、多くの観客や評者によって、「セクハラ」に対する理想的な対応を示したものとして、概ね好意的な評価を得た。[1]はるか遠い過去の封建的社会の家父長の強権的なふるまいが、現代の女性が普遍的に直面する問題としての「セクハラ」の理想的な解決たりうるという感覚は、論理的には矛盾しているともいえるが、「なんだかんだ言いつつ、結局女は強い男によって庇護されることを望んでいる」といったたぐいの単純な説明も適切ではないだろう。『バーフバリ』二部作の、超男性的な家父長を頂点に階層化された社会においても、女性たちは単に男性に従属し庇護される弱者、犠牲者といった立場のみに縛りつけられることはない。デーヴァセーナとシヴァガミをはじめとする主要な女性登場人物たちは、いずれも権力とそれに伴う責任を主体的に引き受ける能力をもち、敵と闘って打倒し、あるいは極度の苦難に耐える強靭な精神と肉体の持ち主として造型されている。さらに、個々の女性たちが、すぐれたリーダーシップや強靭さといった資質を備えているのみならず、女性の望みを成就するためのアクションを「代行」する者こそが、正統なヒーローであり王であると認められるという掟が、『バーフバリ』二部作の世界には潜在している。

## 「探求者」から「代行者」へ

ロシア口承文芸の研究者ウラジーミル・プロップは、主著『昔話の形態学』で、昔話の主人公を「探求者または犠牲者」として定義し、また『魔法昔話の起源』で、「異郷への渡りは昔話の主題であると同時に昔話の中心である」と述べている。[2]『伝説誕生』のマヘンドラ・バーフバリは、雲の上から落ちてくるという巨大な滝をよじ登って、滝の上の異郷で美しい恋人アヴァンティカを見つけ出し、『王の凱旋』のアマレンドラ・バーフバリは、王位継承に先立って民の暮らしを知るべしとの国母シヴァガミの命を受けて、身分をやつして故国を旅立ち、異国の王女デーヴァセーナへの求愛を成就させる。「異郷へと渡り、美しい花嫁を獲得する」という典型的な昔話の「探求者」の役割の一方、二人のバーフバリは、女性の望む行いを正しく遂行する「代行者」の役割を担うヒーローでもある。

『バーフバリ』の物語は、祈願する母親のイメージから始まる。『伝説誕生』の冒頭では、背に重い矢傷を負った貴婦人、その正体はマヒシュマティ王国の国母シヴァガミが、生まれたばかりの赤子を抱いて、巨大な滝の下に現れ、後を追ってきた刺客たちを返り討ちにするが、自身は滝下の急流に呑まれてしまう。力尽きて水没しようとするシヴァガミは、抱いていた赤子を片方の手のひらに乗せて水面の上に高く差し上げ、自分の命と引き替えに、引き離された母と再会し、マヒシュマティの王座に着くべき子であるマヘンドラ・バーフバリを生かすようにと、シヴァ神に向かって呼びかけた後に、赤子を守りつつ水中で絶命する。このシヴァガミのシヴァ神への訴えは、続編『王の凱旋』のアヴァンタイトルにおいても画面外の声として反復され、物語が「母親の祈願」から始まることを、再度強く印象づける。

翌朝、水面から突き出す黄金の腕輪をはめた一本の腕と、天に向かって開いたその手のひらの上で泣き叫んでいる赤子を、付近に住む村人たちが見つけ、赤子を川から救い上げる。村の首長の妻サンガ(ロヒニ)が赤子を引き取ってシヴドゥと名付け、自分の息子として育てる。それから二五年の歳月が流れ、成人したシヴドゥの将来を案じたサンガは、息子が正しい道に進むことを願って、巨大な石造のシヴァ神の象徴――シヴァリンガ――に一〇一六回水を灌ぐ灌頂の願をはじめ、滝下の川から水を汲み上げては、村内に安置されたシヴァリンガとの間を往来する。老身に鞭打って水汲みを続けるサンガを見かねたシヴドゥは、水汲みを手伝おうとするが、村の導師に「願を掛ける者以外の手で水を注げば結願しない」と制止されると、やにわにシヴァリンガを独力で担ぎ上げて、かつて自分が救い上げられた滝つぼに投げ込み、滝に打たれるシヴァリンガをサンガと導師ら村人に示して、「一〇一六回どころか、これで未来永劫水は灌がれる」と結願を宣言する。ヒーローが超人的な大力を初めて行使するこの瞬間は、「女性の望む行いを、優れた知恵と力をもって代行する」資質が発揮される瞬間でもある。

　シヴァリンガを滝つぼに投げ込んだ際に、シヴドゥはちょうど滝を流れ下ってきた木の仮面を拾い上げ、仮面が砂の上に残した美しい顔に心を奪われる。その時、シヴドゥの眼前に、仮面と同じ面影をもつ美女の幻が出現し、長い薄衣を翻して艶やかに歌い踊りつつ、滝の上の世界へと彼を誘う。自分自身の出自と幻の恋人を求める「探求者」として、シヴドゥは驚異の滝登りに挑み、ついに滝の上へと辿りついて、そこで仮面の持ち主アヴァンティカ（タマンナー）を見つけ出す。シヴドゥを滝登りへと誘った幻の姿の嫋々《じょうじょう》たる女らしさとはうって変わり、現実のアヴァンティカは、二五年前にマヒシュマティ王国に滅ぼされたクンタラ国の生き残りの猛々しい戦士だった。シヴドゥは、アヴァンティカの隙を窺い、気づかれぬままにその手と肩にタトゥーを施すという、侵犯的でもあれば呪術的でもある求愛の儀式を行い、最終的に彼女の愛を勝ち取る。

　しかし、二人が愛の成就を寿いで歌い踊るミュージカル・ナンバーから一夜が明けると、アヴァンティカは、敵国の虜囚となっている故国出身の王妃デーヴァセーナを救出する使命を果たすため、シヴドゥを残して旅立とうとする。後を追うシヴドゥは、襲ってきた敵兵からアヴァンティカを救い出すと、「君の使命は俺の使命だ」と宣言し、アヴァンティカの使命を代行するため、デーヴァセーナが長年にわたって幽閉されているというマヒシュマティ王国の宮殿へと向かう。当初は、自分自身の出自を知り、愛らしい恋人と結ばれるという、自己の欲する目標を求めて異郷へと渡る「探求者」として冒険を始めたシヴドゥは、ここで、女性の使命を代わって引き受ける「代行者」へと役割を転じてゆく。

暴虐な国王バラーラデーヴァの君臨するマヒシュマティ王宮に単身で潜入したシヴドゥは、宮殿の中庭に鎖で繋がれていたデーヴァセーナを救い出し、後を追ってきたマヒシュマティ王族に絶対の忠誠を捧げる奴隷剣士カッタッパ（サティヤラージ）と死闘を演じるが、雷雨に洗われ、稲光に照らされたシヴドゥの顔を見るや、カッタッパは剣を投げ捨てて地に両膝を突き、天を仰いで「バーフバリ！」と絶叫する。一夜明けて、カッタッパは、シヴドゥの素性はマヒシュマティ王国の正統な王位継承者マヘンドラ・バーフバリであり、デーヴァセーナこそがシヴドゥの生みの母であることを告げ、彼の実の父親にしてデーヴァセーナの夫、亡きアマレンドラ・バーフバリの生涯を物語りはじめる。

『バーフバリ』のもうひとりの主人公アマレンドラ・バーフバリもまた、「女性の望む行いを代行する」役割を担うヒーローとして登場する。マヒシュマティ王国の建国の祖ヴィクラマデーヴァ王の嫡子アマレンドラは、誕生する前に父王を、誕生した直後に母王妃を失う。国王亡き後の国務は、先王の兄ヴィッジャラデーヴァ（ナーサル）の英明な妃シヴァガミが代行し、アマレンドラはシヴァガミの子として、彼女とヴィッジャラデーヴァの間の実の息子バラーラデーヴァと共に、次期国王候補として育てられる。歳月が流れ、成人した二人の王子は、王位継承権を賭けて、王国の領土を侵す蛮族カーラケーヤとの戦いで武勲を競う。敵一〇万、味方二万五〇〇〇の軍勢が入り乱れる壮大な戦争場面のクライマックスで、アマレンドラとバラーラデーヴァはカーラケーヤの首長の陣地に突入し、まずアマレンドラが首長を追い詰める。このとき、首長と肉弾戦を演じるアマレンドラのアクションの流れのうちに、両眼をかっと見開いたシヴァガミのクロースアップが複数回挿入され、敵に対する徹底的な懲罰を命ずる声がヴォイスオーヴァーで響く。しかし、アマレンドラが剣を振りかざした瞬間、バラーラデーヴァが傍から放った槌鉾の一撃が首長の頭を打ち砕く。

敵軍の総大将を討ち取る殊勲はバラーラデーヴァのものとなったが、シヴァガミはバラーラデーヴァの武勇を讃えつつ、「バラーラデーヴァはよく敵を殺し、バーフバリはよく民を守った」として、バーフバリこそが王位を継承すべきであると宣誓する。「敵を殺す者は戦士、民を守る者は王にふさわしい」という表向きの理由の一方、カーラケーヤの首長との最終決戦で、シヴァガミのまなざしに見守られ、画面外から響くその声に導かれるように剣を振るうバーフバリと、あくまでも自己の意志と欲望に従って戦うバラーラデーヴァの対比から、この世界には、「母の願いを正しく代行する者こそが王にふさわしい」という隠れた掟が潜在していることが窺い知れもする。

カッタッパがアマレンドラ・バーフバリの王位継承権の獲得を物語り、さらにアマレンドラが裏切りによる非業の死に至ったことを告げたところで、続編への期待を残して『伝説誕生』は終わる。二年後に完成した続編『王の凱旋』は、再び「祈願する母親」のイメージから物語をはじめる。映画冒頭の「悪魔祓いの儀式」の場面では、頭上に燃える火鉢を乗せた国母シヴァガミが、森の奥のシヴァ神殿へと詣でるために、群衆の歓呼を浴びつつ裸足で歩みを進めていたところ、突如として一頭のゾウが暴れ出し、儀式の見物に集まった群衆をちぎっては投げ、あたりの屋台を崩しつつ、シヴァガミの行く手に躍り込んでくる。その時、沿道の倉庫の門の閂《かんぬき》がはじけ飛び、ガネーシャ神像を頂いた巨大な山車を単身で曳いたアマレンドラ・バーフバリが登場し、暴れゾウに山車を衝突させて動きを止める。アマレンドラが暴れゾウを制圧し、ターメリックの粉を浴びせて薬効で落ち着かせる間に、シヴァガミは一瞬たりとも歩みを止めることなく進みつづけ、つつがなくシヴァ神殿に到達し、祭壇に火鉢の火を捧げて結願を果たす。

『伝説誕生』の、サンガの灌頂を結願させるために、シヴドゥがシヴァリンガを川に投げ込む、「育ての母の執り行う祈願の儀式を助けるために、息子が超人的な大力を発揮する」シチュエーションが、『王の凱旋』では、「水」の儀式を「火」の儀式へと替えつつ、さらに大掛かりなスペクタクルとして反復される。『伝説誕生』のクライマックスのカーラケーヤとの戦いから、『王の凱旋』の冒頭の悪魔祓いの火の儀式に至るまで、アマレンドラ・バーフバリは、一貫して「母の意志を正しく代行する者」であり続ける。

子シヴドゥ＝マヘンドラ・バーフバリと同様に、父アマレンドラ・バーフバリもまた、育ての母の懐を旅立って、「探求者」として異郷へと渡り、そこで花嫁となるべき美しい娘を見つけ出す。即位の前に民草《たみくさ》の生活を広く見聞せよとのシヴァガミの命を受けたアマレンドラは、カッタッパに随行されて故国を旅立つ。残虐な盗賊団ピンダリの跳梁する小国クンタラ国に立ち寄ったアマレンドラは、薄絹のカーテンで覆われた貴婦人の輿《こし》を囲む兵士たちの行列と遭遇する。その時、森の中からピンダリの一党が現れ、輿を奪おうと襲いかかってくるが、輿からは、民を脅かすピンダリを討伐すべく、自ら囮《おとり》となって待ち伏せていた、クンタラ国王の妹姫で勇猛な戦士でもあるデーヴァセーナが現れ、ピンダリを次々に斬り捨てる。傍観していたアマレンドラは、デーヴァセーナの姿を一目見た瞬間に恋に落ち、「我々の出る幕ではない」とのカッタッパの言葉にも構わず、森の中に潜むピンダリと戦いはじめる。

前作『伝説誕生』で、シヴドゥを滝の上の世界に誘う仮面の主の美女（アヴァンティカ）の幻のまとっていた白い薄衣と、『王の凱旋』のデーヴァセーナの輿を覆う薄絹のカーテンは、一見すると似通った「女性的」イメージでもある。しかし、シヴドゥを誘って歌い踊るアヴァンティカの幻が翻す薄衣は、オーソドックスな「見られるため」のエロティックな女性性の一部であるのに対し、デーヴァセーナの輿を囲む薄絹のカーテンの淑《しと》やかな女らしさのイメージは、勇猛な戦士としての正体を覆い隠す見せかけであり、それを自らの剣で切り裂き、両眼から姿を現すデーヴァセーナは、より獰猛な戦闘性を視覚的にも体現する人物として登場する。

息子と父のヒーローたちがそれぞれに行う求愛の儀式もまた、似て非なるものとなる。幻のアヴァンティカを追い求めて滝の上に辿りつき、そこで現実のアヴァンティカを見つけ出したシヴドゥ＝マヘンドラは、まず隙をついて彼女の手と肩に刺青を施し、激怒して襲いかかってくる相手をいなしつつ、その髪を解き、眼と唇を草の実の汁で彩り、男のように脚の間に通して巻いていた腰布をスカート様に巻き直して、アヴァンティカを荒ぶる戦士から、幻の美しく愛らしい恋人のイメージへと近づけてゆく。シヴドゥに変えられた自分の姿が水面に映るのを見たアヴァンティカは、敵意を捨ててシヴドゥの求愛を受け容れ、二人は相思相愛のミュージカル・ナンバーを歌い踊りはじめる。それに対して、戦士として登場し、刀剣を振るうデーヴァセーナに魅了されたアマレンドラは、デーヴァセーナの戦闘の「代行者」としての役割を引き受けることで、彼女との間の距離を縮めてゆく。

森の中でピンダリと戦うアマレンドラは、輿から現れた瞬間のデーヴァセーナのイメージをくり返し想起する。夢うつつの微笑みを浮かべて宙を見つめつつ、多勢の敵をやすやすと倒してゆくアマレンドラのアクションの合間に、デーヴァセーナの顔、薄絹の裂け目から覗く両眼、唇のクロースアップが挿入される。ここでアマレンドラのアクションの流れを区切って挿入される、デーヴァセーナの顔のクロースアップは、恋に落ちた瞬間の主観的回想であるのみならず、前作『伝説誕生』の、アマレンドラとカーラケーヤの首長との肉弾戦に挿入されるシヴァガミのクロースアップの反復でもあり、アマレンドラが、再び女性の意志を代行する戦闘を開始したことを示唆する。

デーヴァセーナに気づかれずにピンダリの一党を倒した後、アマレンドラは家から放逐された愚鈍な若者に身をやつしてデーヴァセーナに庇護を求め、カッタッパと共に衛兵見習いとしてクンタラ王国の宮殿に身を寄せる。以降、アマレンドラは、デーヴァセーナの意志を、より優れた能力をもって代行する行為の反復によって、求愛を進めていく。

まず、デーヴァセーナが、農地を荒らして民を苦しめている猪を退治するために企図した王族の猪狩りで、アマレンドラは、デーヴァセーナの惰弱な従兄クマラ・ヴァルマ（スッバラージュ）の戦車に従者として同乗しつつ、矢を射ようとするクマラを巧みに操って、デーヴァセーナの狙った猪をことごとく先に仕留めてしまう。さらに、ピンダリがクンタラ王宮に夜襲をかけた際、弓矢を取って応戦するデーヴァセーナの援護に参上したアマレンドラは、彼女がかねてより試みて果たせずにいた、複数の矢を同時に弓につがえて射る離れ業をもって、賊を次々に射倒してゆく。アマレンドラの放った三本の矢が、デーヴァセーナの両耳の金の耳飾りを鳴らして飛び、背後から襲いかかる賊を倒した瞬間、かすかに微笑みを浮かべて、身じろぎもせずにアマレンドラを凝視するデーヴァセーナの表情が、求愛が成就したことを告げる。アマレンドラはデーヴァセーナに三本の矢を同時に射る方法を伝授し、二人は肩を並べて賊を次々に射倒してゆく。自分の弓を手放したアマレンドラが、デーヴァセーナに寄り添って彼女の弓に三本の矢をつがえ、デーヴァセーナもまた三本の矢をつがえて、二人が一本の弓を共に握って同時に六本の矢を放ち、残る賊をまとめて射倒す瞬間をもって、ファンタスティックなアクションの見世場でもあり、求愛の儀式でもあるこの場面はクライマックスに至る。

ところが、異国の王女と恋に落ち、求愛の儀式を成就させたことを機に、アマレンドラは、国母シヴァガミの意志の忠実な代行者という従来の役割から、引き返しようなく離脱してゆく。そして、アマレンドラの役割の変容は、本人の立場を不安定化させるのみならず、マヒシュマティ王国の権力構造それ自体を揺るがす。

アマレンドラ不在のマヒシュマティ王国にて、クンタラ国の王女への義弟の恋心を間諜に知らされ、王女の肖像画を見せられたバラーラデーヴァは、シヴァガミに「この王女が欲しい」と懇願する。実の息子の王位継承資格を否定した負い目を感じていたシヴァガミは、デーヴァセーナをバラーラデーヴァの花嫁とすることを誓約し、クンタラ国に婚姻を求める特使を送るが、見知らぬ王子の花嫁になるようにとの一方的な要求に憤ったデーヴァセーナは、手厳しい拒絶を返す。デーヴァセーナからの挑発的な返書にシヴァガミもまた激怒し、クンタラ国に滞在しているアマレンドラに向け、デーヴァセーナを捕虜として連行するようにとの命令を送る。

デーヴァセーナを花嫁としてバラーラデーヴァに与えるシヴァガミの意志が明示された以上、アマレンドラが、相思相愛となったデーヴァセーナの意志の代行者としてふるまい続けることは、「母の意志を正しく代行する息子」としての本来の役割との決定的な矛盾をきたす。しかし、シヴァガミの命令を受けたカッタッパが、デーヴァセーナの将来の夫となるべき「マヒシュマティ王国の王子」とは、アマレンドラを意味すると善意の誤解をしたことから、矛盾は、後のドラマティックな開示に向けて、一時的に覆い隠される。アマレンドラは、引き続き母の意志を代行することが、デーヴァセーナの意志にも適うと信じ、デーヴァセーナの節操と尊厳を守ることを誓約したうえで、彼女を伴ってマヒシュマティ王国へと帰還する。

マヒシュマティの宮廷にて、国母シヴァガミと対面したアマレンドラとデーヴァセーナは、シヴァガミの真意がバラーラデーヴァとデーヴァセーナの婚姻であることを告げられる。マヒシュマティの王位継承権か、デーヴァセーナの夫となるかの選択をシヴァガミから迫られたアマレンドラは、王位継承権を捨ててデーヴァセーナとの婚姻を選ぶことを躊躇なく決断し、シヴァガミの裁定によってバラーラデーヴァが新国王として即位する。デーヴァセーナとの婚姻によって危機に陥ったアマレンドラとシヴァガミの関係は、さらに、アマレンドラが、「切り落とすべきはその男の指ではなく、首だ」と、バラーラデーヴァ王が自軍の司令官に任命したセートゥーパティを、王と国母の眼前で斬首する事件を機に、決定的な破綻に至る。

セートゥーパティ斬首は、たんにアマレンドラが、わが妻の貞操を庇護する家父長として、超越的な意志と力を示すという出来事であるばかりではない。デーヴァセーナの望む行いを、アマレンドラがより力強く代行するという反復が、ここで極点に達する一方、アマレンドラはシヴァガミの意志の代行者としての過去の立場を完全に放棄し、デーヴァセーナの意志のみに従う代行者へと移行する。この場を動かす力は、その実、女性二人の意志から発するものに他ならず、アマレンドラはデーヴァセーナの意志を代行して剣を振るい、一方、バラーラデーヴァはシヴァガミによる裁定をただ傍観する。

バーフバリ夫妻がセートゥーパティに対して下した制裁は、法と王権に対する侵犯であると激怒したシヴァガミは、アマレンドラとデーヴァセーナに反逆罪を宣告し、王族からの追放を命じる。それに対し、アマレンドラは「私は正義に従う」と述べ、かつてシヴァガミから授かった宝剣を彼女の足下に置くと、デーヴァセーナと共に王宮を去ってゆく。真の正義は、王の統べる法に従うことではなく、女性の意志を正しく代行することによって成し遂げられるというこの世界の掟が、ここで改めて確認される。

『バーフバリ』の世界に、「真に正しい行いは、女性の意志を代行することによってのみ成し遂げられる」という掟が潜在していることは、デーヴァセーナの従兄クマラ・ヴァルマの破滅によっても裏付けられる。かつては惰弱な王子だったが、ピンダリのクンタラ王宮襲撃の際のアマレンドラの激励をきっかけに、勇敢な戦士へと回心したクマラは、従妹デーヴァセーナの懐妊を祝うためにマヒシュマティ王国を訪れ、宮廷追放後のバーフバリ夫妻と行動を共にする。夫妻を狙う刺客らしき男に気づき、後をつけていったクマラは、バーフバリ一家の皆殺しを刺客に命じるバラーラデーヴァと、ヴィッジャラデーヴァが口論する現場を目撃する。息子の悪行を止める力を欠く善意の父親を装ったヴィッジャラデーヴァの懇願を聞き入れたクマラは、バラーラデーヴァを暗殺するために王宮に侵入する。しかし、一切はヴィッジャラデーヴァとバラーラデーヴァの父子の計略であり、クマラはバラーラデーヴァの居室で待ち伏せにあって返り討ちにされ、バーフバリ夫妻の王家に対する反逆をシヴァガミに確信させ、アマレンドラ処刑の決断を下させる陰謀に利用される。クマラ・ヴァルマが善意と侠気の士であることは疑うべくもないが、しかし、女性ではなく男性の意志を代行しようとしたその行動は、敬愛するアマレンドラの非業の死の原因となってしまう。

国母シヴァガミが自己の意志を正しく代行する息子との絆を喪う一方、悪しき父ヴィッジャラデーヴァが、クマラ・ヴァルマを自己の意志の代行者として操ったことで、マヒシュマティ王国のあるべき秩序は崩壊してゆく。実の息子と夫の姦計に嵌められたシヴァガミは、カッタッパに対して、「そなたが殺さなければ、私がわが手で殺す」とバーフバリ処刑を命じ、カッタッパは苦渋を胸にやむなくアマレンドラを討つ。[3] 帰還したカッタッパの口から、アマレンドラの無実を知らされて動揺するシヴァガミの前に、生まれたばかりの赤子を抱いたデーヴァセーナが駆け込んでくる。シヴァガミは自らの非を認めてデーヴァセーナに謝罪し、アマレンドラとデーヴァセーナの子マヘンドラ・バーフバリを、マヒシュマティ王国の正統な王位後継者として宣誓する。しかし、バラーラデーヴァの兵が襲来し、出産直後で体力の衰えているデーヴァセーナは囚われの身となり、シヴァガミは、バラーラデーヴァの放った矢で重傷を負いつつ、マヘンドラを抱いて滝下の世界まで逃げ延びた後に絶命する。バラーラデーヴァは民衆を苦しめる暴君となり、デーヴァセーナを鎖で縛って幽閉し、その故国クンタラ国を攻め滅ぼす。女性の意志を代行する者は正義をなしうるが、一方、男性のみに占有され、女性の意志を排除した権力は、破壊と虐待のみを引き起こす。

## 女性の望みをかなえる家父長制

父アマレンドラの死から二五年後のマヘンドラ・バーフバリの帰還が、マヒシュマティ王国にとって意味するところは、「母の意志を善く代行する息子としての王」の再来に他ならない。カッタッパの物語を聞き終えたシヴドゥ＝マヘンドラは、バラーラデーヴァ王と戦う決意を固め、民衆を率いてマヒシュマティ王城へと攻め込むが、その戦いの究極の目的は、母デーヴァセーナの「あの男を生きたまま焼き殺す」という宿願の成就となる。『王の凱旋』の冒頭でシヴァガミが執り行った悪魔祓いの火の儀式は、クライマックスではデーヴァセーナによって反復され、彼女はシヴァガミ同様に燃える火鉢を頭に乗せ、裸足でシヴァ神殿を目指す。そして、デーヴァセーナの行く手を阻む障害を排除すべく、マヘンドラはかつての父と同様に超人的な大力を発揮し、バラーラデーヴァ王の黄金像を打ち倒し、デーヴァセーナが二五年間の幽閉生活の間に小枝を積み上げて設えていた祭壇にバラーラデーヴァを打ち据え、母の手による焚刑に供する。『バーフバリ』二部作の冒頭のサンガの灌頂から始まった、母の望みをかなえるための儀式を息子が手助けして結願に導くという反復は、ここに完全に成就し、マヒシュマティ王国はついに「国母の意志を正しく代行する王」の再来と即位の時を迎えて、物語は大団円に至る。

『王の凱旋』のラストシーンでは、バラーラデーヴァの黄金像の首が川を流れ下り、滝を真っ逆さまに墜落してゆくイメージに続いて、かつてサンガの灌頂を結願させるため、シヴドゥが滝つぼに投げ込んだシヴァリンガが、滝に打たれ続けている光景が映し出される。母を殺害してまでも自分自身の欲を貫こうとした悪しき息子の破滅を象徴する打ち落とされた首と、善き息子の代行による母の願いの成就を象徴するシヴァリンガのイメージが対置されて、二部作は完結する。

『バーフバリ』二部作は、超人的な大力と知恵と徳を併せ持つ偉大な家父長＝王を世界の頂点／中心に置く映画であり、人並みはずれて強靭な女性たちも登場するものの、彼女たちの意志を真に実現しうるのは当人ではなく、息子もしくは夫である。裏を返せば、息子もしくは夫の代行を介さなければ、彼女たちの意志の完全な実現は望めないという掟により、シヴァガミもデーヴァセーナも、それぞれに家父長制の枠内に留められている。さらに、善き代行者たる息子もしくは夫との絆を喪失した女性には、シヴァガミのように非業の死を遂げるか、デーヴァセーナのように凄惨な責め苦に耐えつづける、苛酷な運命が待ち受けている。

しかし、前述したように、『バーフバリ』二部作の家父長制的世界における男性と女性の役割は、単純な強者と弱者、優者と劣者、加害者と犠牲者として、必ずしも固定されてはいない。国家を統治する権力と意志は、男性の家父長である国王に占有されてはいるが、一方で、王国内の秩序が正しく維持されるためには、王の権力は女性の意志に従属しなければならないという掟が潜在してもいる。

『伝説誕生』のカッタッパの物語の発端では、マヒシュマティの開国の祖である国王と王妃の死後、王位を窺う宮廷内の謀反の企みを先んじて制し、謀反人を誅戮《ちゅうりく》して残る家臣を従属させた国母シヴァガミが、空《から》の玉座の一段下ではあるが、宮廷内の生者としては最も高所にある席に堂々と座し、下から見上げる夫と家臣たちを前に、養子に迎えたバーフバリと、実子バラーラデーヴァの二人の赤子に同時に授乳する場面がある。ここでの「玉座における授乳」は、『バーフバリ』二部作への影響の色濃い[4]『ゲーム・オブ・スローンズ』第一シーズン第五エピソード[5]で、高巣城の城主ライサ・アリンが、玉座の上から家臣と賓客を見下ろしつつ、六歳の息子ロビンに授乳する場面から着想されたのかもしれない。しかし、『ゲーム・オブ・スローンズ』のライサ・アリンの息子への授乳が、この母子による統治の危うさを示す「異常なふるまい」として見せられるのに対し、シヴァガミの息子たちへの授乳は、むしろ不在の国王の代行者としての立場に適い、彼女の行う宣誓の正統性を盤石のものとする行為として提示される。

『バーフバリ』二部作が、前近代的な社会の頂点／中心に君臨する超男性的な家父長を讃える映画であるにもかかわらず、現代の女性観客に「心地良さ」を感じさせるとしたら、それは「真に正しい行いは女性の意志のみから生じ、真のヒーローとは女性の意志を正しく代行する者である」という掟の支配ゆえでもあるだろう。二部作を通じてヒーローの演じるありえない離れ業の数々は、彼らはあくまでも女性の意志に従って行動する「代行者」であるという前提に支えられることで、女性観客にも万能感を分け与える。

前述したように、『バーフバリ』二部作には、ウラジーミル・プロップのいう「魔法昔話」、もしくはフェアリーテイルに相通じる要素を顕著に見出すことができる。フェアリーテイルの研究者でもある作家マリナ・ウォーナーは、フェアリーテイルとは、作家イタロ・カルヴィーノの言葉を借りれば「気慰めの作り話」であり、「典型的には欠乏、虐待、そして従属からの解放の希望を提供する」と述べる。[6]『バーフバリ』二部作においては、もっぱらデーヴァセーナが、そうした解放の希望を得ることになる。超男性的な家父長である「バーフバリ」たちの物語は、女性にもあり余る力の感覚を分かちもつ愉しみを与え、かつ欠乏、虐待、従属の恐怖に対する慰めを提供する。この二部作の一筋縄ではいかない魅惑の一端は、そうした「気慰め」にもあるのではないか。

## 註

［１］たとえば、ＴＢＳラジオ「ライムスター宇多丸のウィークエンドシャッフル」の二〇一八年一月一三日の放送回（書き起こし　https://www.tbsradio.jp/217873）では、「セクハラ対応はあれぐらいでいいと思います」とのリスナーの感想が紹介されており、インターネット上で確認できる各種感想やレビューにも、同様の感想は頻出している。

［２］ウラジーミル・プロップ『魔法昔話の起源』斎藤君子訳、せりか書房、一九八三年、二〇五頁。

［３］ここでは「女性の意志の代行」のモチーフが、悪しき父と息子の干渉によって歪められた形で反復される。

［４］『バーフバリ』二部作には、「ロード・オブ・ザ・リング」シリーズ、『300』、マーベル・シネマティック・ユニヴァース作品など、数々のハリウッドの大作映画・テレビドラマの影響が窺われることがすでに指摘されているが、『ゲーム・オブ・スローンズ』の影響も無視しがたい。たとえば、第一作『伝説誕生』のオープニングの、３Ｄの地図を俯瞰し、作中の要所となる地名を示しつつ、切れ目なく視界を移動してゆくカメラワークは、『ゲーム・オブ・スローンズ』第一シーズン以降のオープニングと明らかに類似している。

［５］「狼と獅子」*The Wolf and The Lion*（監督：ブライアン・カーク、脚本：デイヴィッド・ベニオフ、Ｄ・Ｂ・ワイス、ＨＢＯ、二〇一一年五月一五日初放映）。

［６］Marina Warner, *Fairy Tale: A Very Short Introduction*, Oxford University Press, 2018. xxviii.

# Ⅱ　黒澤明と逆らう女たち

キャリア最初期の一九四〇年代から没後に至るまで、黒澤明監督作品には、「女を描けない」という定評が付きものだった。男たちがお互いのために戦い、悲壮に死んでいった後に、恋仲だったはずの男女が、さほど情緒を高ぶらせることもなく、そっけなく別れて終わる『七人の侍』（一九五四年）のラストシーンに見るように、男同士の濃密な人間関係に集中し、一方で男女の異性愛を回避する傾向が、黒澤明監督作品には確実に潜在している。二〇世紀の日本語の映画批評には、「女性の描写」は「異性愛の描写」と不可分であるとみなす傾向が支配的だったが、そうした価値規範のもとでは、女性を異性愛の関係において描写することへの関心が明らかに稀薄な黒澤明監督作品は、「女を描けない」としか評価しようがなかったことは想像に難くない。

二一世紀以降、黒澤明監督作品は、しばしば「ホモソーシャル」であると評されてきた。黒澤明監督作品の濃密な男同士の人間関係には、多くの場合、家父長の所有に帰すべき「財」としての女性の贈与・交換、もしくは奪い合いが付随する。四方田犬彦が「ホモソーシャリティの典型」と評したように、こうした「象徴的な財」としての女性を媒介した男同士の絆は、イヴ・コゾフスキー・セジウィックのいう「ホモソーシャル」の典型を示すかに見える。

しかし、黒澤明監督作品に登場する女性たちの多くは、「象徴的な財」として取引されることを拒み、男性たちの役に立てられる立場を逃れようとする。『羅生門』（一九五〇年）の盗賊に強姦された妻は、最終的には夫と盗賊のどちらの所有に帰すことも拒んで事件の現場から逃げ去る。『生きる』（一九五二年）で、胃がんで余命わずかな中年男性（志村喬）に、必死ですがりつかれようとした少女（小田切みき）は、「老いらくの恋？　お断りよ」と手厳しい拒絶を返す。

黒澤明監督作品の、男性の働きかけに対して手厳しい拒絶や反抗を返し、自分の意志を押し通そうとする女性たちは、自分自身がペナルティを免れて生き延びるのみならず、時には、男性たちがそれぞれに陥っている行き詰まりを脱するきっかけを作りもする。『隠し砦の三悪人』（一九五八年）のヒロイン・雪姫（上原美佐）は、三船敏郎演じるヒーロー・真壁六郎太に事あるごとに逆らい、「右と言えば左、左と言えば右」に動こうとしつづけるが、雪姫の抵抗は、むしろ六郎太が「悪人」としての立場を脱するための指針となる。

一方、『生きる』にしても、『隠し砦の三悪人』としても、男性の性的な関心・欲望の対象となることを拒み、言うことを聞かず逆らう女性に、男性側が敬意をもち、相手の正しい判断には従う度量を示すことが、より良く生き、「ヒーロー」となるための条件となる。

黒澤明監督作品は、「ホモソーシャル」で女性嫌悪的でもある社会をしばしば舞台とし、男同士の濃密な絆に只事ならぬ関心を寄せていることは確かであるだろう。しかし、以降の各章では、黒澤明監督作品それ自体が、女性嫌悪的であるか、もしくは女性に対する関心を欠き、「ホモソーシャル」な価値規範を体現していると断定することはせず、むしろ、そこでは異性愛主義に回収されることのない互恵的な男女の関係のありようが模索されていた可能性を論じていく。

# 第３章　真砂サバイバル

## ――『羅生門』における「ぐじぐじしたお芝居」とその放棄

### 「罪」ならぬレイプ

黒澤明についての代表的な作家論のひとつであるドナルド・リチー『黒澤明の映画』は、『羅生門』（大映、一九五〇年）が国内外で得た名声の理由を問われた黒澤明が、「まア……強姦の話だからね……」と答えたというエピソードを紹介する。「これには皆大笑いしたが、考えてみると、この答えは見かけほどシニカルなものではない。〔中略〕この作品は強姦――それに殺人をめぐる映画だ[1]」。

「強姦の話」であるとの表明が、「大笑い」を引き起こし、「シニカル」な態度とみなされるという点までを含めて、『羅生門』はまさに「強姦の映画」である。『羅生門』では、盗賊が縛り上げた夫の目の前で妻を強姦し、その後夫が殺害された事件の現場に居合わせた者たちが、公の裁きの場である検非違使庁の庭にて、それぞれにまったく異なるストーリーを証言する。強姦という発端の加害が、諸々のアクションを引き起こし、異なる証言と解釈を派生させる。ところが、

『羅生門』の物語世界の内外では、もっぱら「殺人と偽証」の罪について盛んに言葉が交わされるが、「強姦」の罪についてはほとんど問われることはない。半壊した羅生門の下で雨宿りをしつつ、奇怪な殺人事件について語り合う三人の男たちの関心は、真の殺人者は誰なのか、嘘をついたのは誰で、その理由は何かという点に集中する一方、強姦された妻の被害に向かうことはない。『羅生門』をめぐる批評言説の多くもまた、今成尚志による優れた論考「黒澤明『羅生門』におけるジェンダー表象について」を例外として、強姦それ自体を正面から問おうとはしてこなかった。

論集『芸術映画におけるレイプ』の序章で、編者のドミニク・ラッセルは次のように指摘する。殺人とレイプは、いずれも映画の物語にとって格好の素材だが、殺人の場合、暴力があったことは確実であり、死体からは物語が自ずと派生するのに対し、レイプの場合は、二つの対立する物語が競合し、どちらが勝利をおさめるか次第で、犯罪それ自体が消え失せ、誘惑と、女性の側の誤解の痕跡だけが残る。ラッセルによれば、レイプをめぐって競合する複数の物語、レイプを消去して誘惑やたんなるセックスといった別の物語へと書き替える可能性、レイプに関する真実の多義性は、「芸術映画」が特権化する「曖昧さ」もしくは「真実の捉えがたさ」と親和的である。「芸術映画においても、他の形態の映画物語と同様に、レイプは実在しかつ不在であり、既知の事実であるが未知でもある。範例的な芸術映画としての黒澤明の『羅生門』が、物語にとって偶発的だが、同時に本質的でもあるレイプと深く関わっていることは、決して偶然ではない」とラッセルは述べる。[2]

必ずしも「芸術映画」を志向して製作されたわけではない『羅生門』が、「範例的な芸術映画」として獲得した世界的な成功は、黒澤のいうように「強姦の話」に由来していた可能性は否定しがたい。「芸術映画」はレイプを扱いながら、しばしばそれを別の物語や、「複数の真実」へと書き替え、消去する。そして、「芸術映画」の観客は、映画の中のレイプを、より高尚な「哲学」や「真実」を伝えるか、あるいは「様式」を確立するための手段にすぎないとみなし、レイプそれ自体について問うことを拒絶する。それに対して、本章では、『羅生門』の「強姦の話」が、全編を通じてどのように物語られ、あるいは「別の物語」に置き換えられてきたかを中心に論じる。

『羅生門』の強姦殺人事件の現場に居合わせた当事者三名のうち、最初に検非違使庁の庭に引き出されて取り調べを受ける盗賊多襄丸（三船敏郎）の証言～回想によって、強姦の詳しい経緯が物語られる。真夏の昼下がり、多襄丸が山中で昼寝をしていると、武士金沢武弘（森雅弘）と、武弘に手綱を引かれた月毛の馬に乗るその妻真砂（京マチ子）の夫婦連れに行き合う。その時吹きわたった一陣の風が、市女笠《いちめがさ》の牟子《むし》の垂れ衣を翻し、その奥から現れた真砂の「女菩薩のよう」な顔と、裾からのぞく素足を見た多襄丸は、瞬時に彼女に魅了され、「咄嗟の間に、たとえ男を殺しても女を奪おうと決心した」。夫婦の後を追った多襄丸は、まず武弘に適当な儲け話を持ちかけて山中に誘い出し、松の大木の根方に縛りつけた後に、今度は真砂をその場に連れ出して、短刀を振るって激しく抵抗する真砂を抱きすくめ、縛られている武弘の目の前でその唇を奪った。多襄丸に唇を奪われている真砂が、握りしめていた短刀を地に取り落とし、片手を多襄丸の背中に回して愛撫するように動かす仕草が画面に映し出された次の瞬間、再び検非違使庁の庭へと場面は移り、多襄丸は上機嫌の哄笑をあげながら、「俺はとうとう思い通りに、男の命は取らずとも、女を手に入れることが出来た」と宣言する。[3]

強姦の顛末を誇らしげに物語る多襄丸から、罪の意識らしきものは一切窺われない。そして、強姦を「罪」と認識することができない人物は、多襄丸ひとりに限られず、より善良そうな他の男性たちも同様らしい。羅生門の下で事件について語りはじめるとき、旅法師（千秋実）は、「戦、地震、辻風、飢饉、疾病《えやみ》、来る年も来る年も災いばかりだ。その上盗賊の群が津波のように荒し回らぬ夜はない。わしもこの目で、虫けらのように死んだり殺されたりして行く人をどの位見たかわからぬ。しかし、今日のように恐ろしい話ははじめてだ」「今日という今日は、人の心が信じられなくなりそうだ。これは、盗賊よりも、疾病よりも、飢饉や火事や戦よりも恐ろしい」と述懐する。だが、ここで旅法師が恐ろしげに列挙する「災い」のうちに、「強姦」は含まれない。

## 「被害者」たりえない女性

『羅生門』において、真砂に対する多襄丸の行為が、「罪」とも「災い」とも認識されない理由については、先述した今成尚志の論考に的確な分析がある。今成によれば、多襄丸による証言〜

回想場面では、「レイプとされる場面は直接的には表象されず、接吻シーンによって置換されているのだが、それを「陵辱」と看做せるかどうか実のところ疑わしい。というのは女が太陽に屈して短刀を落とした後、右手を多襄丸の背中に廻し愛撫してしまうからである。この不用意な仕草によって強姦は免責され、合意の上での異性愛が成立したかのように見えてしまう。操を立てるために気丈に戦った女の抵抗もセクシャリティの不意の発露によってすっかり反故にされてしまうのだ」[4]。多襄丸による証言〜回想には、真砂が自分の行為に対して合意を示したとする認識が明らかに含まれるが、この認識は、物語世界の内外でも、概ね疑いなく受け入れられてきた。たとえば、黒澤明監督作品の女性表象にフォーカスした作家論『巨人と少年——黒澤明の女性たち』の著者尾形敏朗は、多襄丸と真砂のキスシーンについて、「キスによって真砂の抵抗はなくなり、多襄丸を受け入れる」と記述し、「つまり、荒々しく抱かれた真砂が、決然と多襄丸を拒否できず、最終的には受け入れてしまったことが、その後の証言の違いを生むきっかけとなっているのである」と説明する[5]。

今成はまた、「この強姦＝接吻＝姦通シーンは後に控える証言でも否認されることはない。それゆえ女の手の動きは多嚢丸の虚言であるにもかかわらず「真実」であったかのごとき印象を与え、彼女の忌まわしい内面の顕在化として解釈されかねない」と指摘する。多襄丸による証言〜回想の後に続く、他の当事者及び目撃者たちによる証言〜回想が、ことごとく真砂が多襄丸に「手ごめにされた」事後の光景から始まる構成は、多襄丸と真砂とのキスシーンまでの部分は「唯一の真実」、もしくはそれに近い再現であるという印象を、多くの観客及び批評者に与えてきた。たとえば、ドナルド・リチーは、「妻が襲われ、強姦された経緯は全員の話が一致している」と、それを客観的な「事実」として記述している[6]。

しかし、多襄丸に抱きすくめられた後の真砂の一連のアクションを、客観的な「事実」とみなすに足る根拠は、実際の映画内では明示されていない。真砂の唇を奪おうとする際に、多襄丸は松の根方に縛り付けられた武弘の方に体の正面を向けており、また、直前に二人から顔を背ける武弘のショットが挿入されることから、多襄丸の背中側の真砂の手の動きは、武弘には明らかに見えてはいない。また、武弘とは別の第三者が、このとき多襄丸の背中側に居合わせ、一部始終を目撃できたという事実もない。

多襄丸の証言〜回想場面に、虚偽である可能性の高いアクションが含まれていることについては、すでに複数の指摘がある。多襄丸と真砂のキスシーンから、多襄丸による証言〜回想は、強姦の「事後」へと移行し、「二人の男に恥を見せるのは死ぬよりつらい」と、男二人のいずれかの死を求める真砂に応じて、多襄丸は武弘を縛っていた縄を断ち切り、二人は太刀を手にしばし切り結ぶ。やがて優位に立った多襄丸が、武弘を藪の中に追いつめ、太刀を振り下ろした瞬間、場面は検非違使の庭へと移行し、多襄丸は、「俺は、男を殺すにしても、卑怯な殺し方はしたくなかったのだ。そしてあの男は立派に闘った」と、キャメラに向かって誇らしげに宣言する。しかし、その後、藪の中からその情景を目撃していたという杣売（志村喬）が、最後に行う証言〜回想では、多襄丸と武弘は、「立派に闘う」どころか、恐怖に腰の砕けたぶざまな姿勢で、闇雲に太刀を振りまわし、ついには地面を這い回って、なりふり構わずに殺し合う。多襄丸による証言〜回想場面では、多襄丸は芝居がかった、あるいはトリッキーな動きを交えて、格好良く「見せる」ための立ち回りを演じる。それに対して、杣売の証言〜回想場面では、両者の果たし合いは、「見せる」ための様式や作法を欠いた生々しい殺し合いとして再現される。同一の出来事のはずの立ち回りが、証言〜回想主体の変化により、まったく別物として再現されることは、複数の論者によって、杣売の証言〜回想が、最も「真実」に近いことを示す根拠とみなされてきた。

たとえば、中村秀之は、「黒澤がそれ以前の現代物、『酔いどれ天使』（東宝、一九四八年四月封切）や『野良犬』（新東宝、一九四九年一〇月封切）のクライマックスで見せた、いかにも恰好は悪いが激しく情熱を表出する格闘場面の「応用」なのである。つまり最後の杣売の回想では、作家自身の署名が物語世界の現実性を保証しているのだ」と指摘する。[7] あるいは、長谷正人によれば、杣売の証言〜回想場面では、多襄丸と武弘は、時代劇映画の見世場としての「殺陣」ではなく、リアルな「殺人」を演じていると指摘し、「黒澤明は殺陣の場面のリアルな演出によって、二度目の証言が真実のものであるという視覚的印象を観客に与えようとした」[8]。武弘との果たし合いに関する限り、多襄丸は「信用ならない語り手」であるとみなす見解は、一定の合意を獲得しているといってよい。

多襄丸による証言〜回想場面のアクションが、その場に居合わせた他者の証言と食い違う部分は、武弘との果たし合いのみに限られない。殺された男の馬から振り落とされた多襄丸が、河原に倒れて苦悶していたところを捕えた、と証言する検非違使庁の放免（加東大介）に対し、多襄丸は、自分は落馬したのではなく、岩清水を飲んだのが原因らしき激しい腹痛に耐えかねて、下馬して河原にかがみ込んでいた隙に捕縛されたのだと主張し、「下司には下司の考え方しか出来ぬものらしいな」と放免を罵る。この場合も、いずれの主張がより真実に近いのか、確実な判断を下しうるだけの根拠は明示されないが、この件と、武弘との果たし合いの件とを合わせて考えると、多襄丸が、自分の颯爽とした男らしさの誇示に執着し、そのためには「話を盛る」ことも厭わない人物であることは窺い知れる。だとすれば、多襄丸の背中に回る真砂の手の動きが、多襄丸が自分の男としての価値を誇示するために「話を盛った」結果である可能性も、当然疑われて然るべきだろう。ところが、こと強姦に関しては、先述したように、多襄丸の証言~回想の信憑性はほとんど疑われず、物語世界の内外において、「事実」として受け入れられてきた。

羅生門の下で語られる殺人事件についての物語が、多襄丸による証言~回想から、真砂による証言~回想へと移行するとき、杣売はまず「嘘だ!」と叫び、旅法師は、「その女の顔かたちも、多襄丸の言うように気強いところは少しも見えぬ。ただあわれなほどやさしい風情なのだ」と訝しげに言う。これらの真砂の言動の疑わしさを印象づける複数の発言の後に、場面は検非違使の庭へと移り、砂に突っ伏して泣きじゃくる真砂が映し出される。自分を手ごめにした盗賊が去った後に、何も言わずに見つめる夫のまなざしの「蔑んだ、冷たい光」に耐えかねて錯乱し、意識を失った後に気がつくと、夫はすでに絶命し、その胸には自分の短刀が突き刺さっていた、と、涙ながらに物語る真砂の証言~回想場面が終わり、場面が再び羅生門に移行すると、杣売と旅法師の話を聞いていた下人(上田吉二郎)が言う。「女と言う奴は、なんでも涙で誤魔化しちまう。自分自身まで誤魔化しちまう。だから、女の話はよほど用心して聞かねえと危ない」。

証言～回想する真砂は、好意的ならざる男性たちの視線に、終始包囲されつづける。回想のフラッシュバックでは、夫武弘の蔑みのまなざしが、キャッチライトで「冷たい光」を強調されつつ真砂を凝視し、検非違使の庭では、証言する真砂の後景から、杣売と旅法師が訝しげな視線を注ぐ。さらに、真砂に対する疑わしげな視線は、スクリーンに向き合う観客からも注がれる。たとえば、尾形敏朗は、真砂の証言～回想のフラッシュバックが終わり、検非違使の庭に戻った際の真砂の印象について、「左手を白砂につき膝を伸ばし横座りして、開き直りとも思えるような気の強い表情でいるのである。襟元も少し乱れていて、扇情的なポーズだ」と評し、「この場面の演出は、明らかに真砂の証言の真実味を裏切っていた」と結論を述べる。[9]

脚線美が魅力のレビュースター、もしくは「肉体派ヴァンプ女優」という、京マチ子の確立済みのスター・ペルソナと、本人による証言～回想場面で、終始地面にか弱げに泣き崩れる真砂の姿が乖離している点も、真砂による証言～回想の「疑わしさ」の印象を強化する。北村匡平は、多襄丸による証言～回想場面の真砂を演じる京マチ子は、「荒々しい女性」「男を欲情するエロティックな女性」、つまりは『痴人の愛』（木村恵吾監督、大映、一九四九年）、『浅草の肌』（木村恵吾監督、大映、一九五〇年）といった先行作品で築きあげてきたイメージとも連続する女性像を表現する一方、本人による証言～回想場面では、それとはかけ離れた「「弱い女」‐夫を一途に愛する弱々しく哀れな古典的ヒロイン」を演じていると指摘する。北村の評するところによれば、「不思議なことにこの場面での京マチ子には美しさもエロスも感じられない[10]」。

彼女は男の行為に対して十分に抵抗したのか。何らかの合意を示しはしなかったか。もしくは相手に合意を誤解させる紛らわしいふるまいをしなかったのか。彼女の外観は過度に誘惑的ではないか。彼女は真に同情と救済に値する犠牲者なのか、その語りは虚偽に満ち満ちているのではないか。云々。性暴力の被害者となった女性が、男性たちの疑わしげな、あるいは好奇の視線によって包囲され、彼女の発言や行動、外観に対して、事細かな吟味と裁定が行われるという事態は、今日の社会でもいまだにありふれている。先述したように、『羅生門』は、多襄丸による証言〜回想のキスシーンを除けば、「事前」と「事後」を見せるのみで、性暴力それ自体を直接的にスクリーンに映し出すことはしないが、しかし、性暴力が事後的に物語られ、かつ解釈されるプロセスにおいて、男女の当事者がいかに非対称的な立場に置かれるかを可視化した点において、『羅生門』はまごうかたなき「強姦の映画」である。

自らの証言〜回想場面において、真砂はたえず視線、顔、身体を伏せぎみの姿勢をとり、立ち上がるたびによろめき、重力に屈したように地面に崩れ落ちる身ぶりをくり返す。突如として身に降りかかった災厄に対してなすすべもないばかりか、自己の心身をコントロールする力さえももたない、「弱い、愚かなわたし」。「美しさもエロスも感じられない」女。女性に対する性暴力という事態に際して、被害者女性の発言の信憑性を疑い、外観や行動の適切性を疑い、無垢な犠牲者とみなされるに足る資格を疑ってやまない苛酷な社会の視線に対し、真砂が自らを防衛するために選択しうるペルソナは、それだけしかなかったのではないか。

しかも、『羅生門』の物語世界では、強姦は「女性に対する罪」であるという認識が稀薄もしくは欠落しているのみならず、「女性による罪」とすらみなされうることが、夫武弘の死霊が巫女（本間文子）の口を借りて行う証言～回想場面で明らかになる。

武弘の死霊は、真砂を手ごめにし、口説き落として一緒に逃げようとした多襄丸が、「あの人が生きていては、あなたと一緒に行かれません。あの人を殺してください」という真砂の頼みに憤怒し、真砂を足下に踏みつけて、「この女をどうするか。殺すか。それとも助けてやるか」と、その処遇を自分に委ねようとした顚末を物語り、「私はこの言葉だけでも、盗人の罪は赦してもいいと思った」と述べる。武弘にとって、強姦とは、真砂に対して犯された罪ではなく、あくまでも夫である自分に対して犯された罪である。盗賊は自分が所有する女を奪うという罪を犯したが、女を所有し処分する権限を自分に返す意志を見せたことで、十分に赦しに値する。自己の所有者を勝手に見替えたばかりか、元の所有者に仇《あだ》なそうとした妻の行為こそが、最も罪深く呪わしい。「苦患の闇」の中から、武弘の死霊はそのように訴える。死霊の証言～回想によれば、真砂が多襄丸の隙をついて逃げ去り、多襄丸も武弘を解放して去った後に、武弘は落ちていた真砂の短刀を手に取って自害した。武弘による強姦の物語は、真砂を最悪の罪を犯した加害者、自分自身を真の被害者の立場に置くことで完結する。

芥川龍之介の原作小説「藪の中」は、互いに矛盾し相違する複数の人物による証言を併置し、真偽の判定を示さぬまま、夫の死霊の証言をもって終わる。橋本忍が「藪の中」を脚色した『雌雄』と題する脚本初稿も、芥川の原作と同じく、夫の死霊の語りをラストシーンに置く構成だった。しかし、橋本の初稿は、そのまま映画化するためには尺が短すぎたため、「『羅生門』を入れたら、どうでしょう」という橋本の提案を受けた黒澤明が、羅生門の下で雨宿りする三人の男たちのやりとりと、芥川の原作にはない、実際の事件を目撃した杣売による最後の証言~回想場面を書き加えて、映画『羅生門』の脚本は完成した。[11] 黒澤明が書き下ろしたオリジナル場面といってよい最後の証言~回想では、強姦をめぐる男女の立場の非対称性に対して、女性が猛然と抗い、自分で自分を救い出そうとするプロセスが目撃されることになる。

## 「ぐじぐじしたお芝居」の放棄

多襄丸が真砂を強姦した事後にその場を通りかかり、地面に伏せて泣きじゃくる真砂に向かい、手をついて謝っている多襄丸を目撃したところから、杣売の証言~回想は開始される。真砂を妻にするためなら、今まで盗み溜めた金銀も惜しくはない、盗人稼業から足を洗って、汗水たらして働くことも厭わない、と熱烈に求愛する多襄丸は、ひたすら泣き続ける真砂に焦《じ》れ、拒絶されれば殺す他ないと迫る。すると、真砂はふいにきっと顔を上げ、「無理です。女の私に何が言えましょう」と言い放つと、やにわに立って草むらに落ちた短刀を拾い、縛られている夫武弘に駆け寄って縄を断ち切ると、男二人の間の地面に再び泣き伏す。男同士で彼女の帰属すべき相手を定めるべきという含意を読みとった多襄丸は、太刀を握って武弘に迫ろうとするが、武弘はとっさに「こんな女のために命を懸けるのは御免だ」と多襄丸を制止し、真砂に向かっては、「二人の男に恥を見せて、なぜ自害しようとせぬ。あきれ果てた女だ」と怒鳴りつける。「こんな売女は惜しくない。今となっては、こんな女よりもあの月毛を取られるのが惜しい」という武弘の言葉に対し、多襄丸はしばし無言で熟考する様子を見せた後、真砂を見捨ててその場を去ろうとする。

今成尚志は、イヴ・コゾフスキー・セジウィックの「ホモソーシャル」理論を参照しつつ、『羅生門』においては、「一人の女の所有権（交換）を巡って二人の男が戦い、結果的に「男同士の絆」が結ばれるという典型的な「ホモソーシャルな欲望」を指摘することができる」と述べる[12]。杣売による証言〜回想場面で、男たちが所有し交換する「財」としての真砂の価値が、多襄丸が盗み溜めた全財産、洛中洛外に名だたる盗賊としてのキャリア、さらには命と引き換えにしても惜しくないという高値にまで釣り上げられた後に、武弘の「こんな売女は惜しくない」「欲しいと言うならくれてやる」「あの月毛を取られるのが惜しい」という発言によって、一挙に「馬以下」にまで切り下げられるプロセスを、今成は詳細に分析している。

真砂の《財》としての価値が、本来の所有者である武弘によって徹底的に否定されたことで、彼女をめぐる男同士の競争〜交換は破綻するが、男たちの間には、尾形敏朗の指摘するところの「友情」らしきものが成立する。武弘と多襄丸の間の地面に崩れ落ちている真砂を、多襄丸の開いた脚の間の三角形の隙間から映すショットに続いて、武弘が真砂を見下しつつ、「泣くな、いくらしおらしげに泣いても、もうその手に乗るものはおらぬ」と叱りつけると、多襄丸が宥《なだ》めるように、「よせ、未練がましく女をいじめるな。女と言う奴は、しょせん、このようにたわいないものなのだ」と口を出す。尾形敏朗は、ここで「真砂という女のたわいのなさに呆れ果てている」二人の男の間に、「真の憎しみは存在せず、真砂に対する共通の認識で結ばれている」と述べる。[13] 武弘による死霊の証言～回想と、杣売による証言～回想において、物語られる出来事それ自体は大きく異なるとしても、男二人が女の交換を試みた後に、女性嫌悪の念を共有することで、相互の絆らしきものを育むという事態は反復される。

地に伏した真砂を見下ろしつつ立つ男二人が、彼女に対する蔑みと嫌悪を介して、非敵対的なコミュニケーションを交わす瞬間は、真砂の窮状が極まる瞬間でもある。多襄丸によって、「人を殺しても奪うに足る女」としての価値を一方的に押しつけられ、強姦された後に、多襄丸には自分の妻になるか、それとも殺されるかと迫られ、夫武弘には自害を強要されようとする。さらに、先ほどは一方的に押しつけられて釣り上げられたはずの価値を、今となっては一方的に否定されようとし、男たちは上から見下ろしつつ、真砂を蔑み合うことで、相互の絆らしきものを勝手に育んでいる。

男に帰属する《財》として生きる以外の選択肢を予め奪われている女が、男たちに全くの無価値な存在として放棄されようとした瞬間、彼女は突然の逆襲に転じる。地に泣き伏していた真砂は、にわかに笑い声をあげて立ち上がると、「たわいないのはお前達だ！」と叫び、男二人を代わる代わる嘲笑しはじめる。

「夫だったらなぜこの男を殺さない。〔中略〕この男を殺したうえで私に死ねと言ってこそ男じゃないか。〔多襄丸に向かって〕お前も男じゃない。多襄丸と聞いた時、私は思わず泣くのをやめた。このぐじぐじしたお芝居にはうんざりしていたからだ。多襄丸なら、私のこの助からない立場を片付けてくれるかも知れない。そう思ったんだ。このどうにもならない立場から私を助け出してくれるなら、どんな無茶な、無法な事でもかまわない。そう思っていたんだ。ところが、お前も私の夫と同じ小悧巧なだけだった」

真砂は、二人の男を「男じゃない」と否定し、「男としての価値」を証明するための闘いへ向けて、彼らを煽り立てる。さらに、「女は腰の太刀にかけて自分のものにするものだ！」と、男たちの闘いを、自分の奪い合いとしてなかば強引に認定することで、ひとたび否定された自分自身の価値を、「男の命と引き換えにするに値する」ものへと再び釣り上げる。男たちが一方的に定めた価値を、一方的に否定され、投棄されようとする「どうにもならない立場」から、真砂はわれとわが身を救い出す。その過程には、「ぐじぐじしたお芝居」、すなわち強姦という事態に際して最も世間的に差し障りのなさそうな、打ちひしがれてか弱く無力な、「女らしい犠牲者」を演じる努力の放棄が含まれる。

最後の証言〜回想場面で、か弱く無力な犠牲者を演じるパフォーマンスが、男たちから自分を救う役には立たないと悟るや、真砂は「ぐじぐじしたお芝居にはうんざり」と叫び、それまで男たちから自分に対して一方的に注がれていた価値判断の視線を、男たちに向けて反転させることで、逆に彼らに「男らしさ」の価値を証明するためのパフォーマンスを、仕方なしに引き受けさせる。そして、価値判断の視線の対象から、観客の立場に回った真砂の眼前で、太刀を抜いて闘う男たちは、見るからに無様な殺し合いをすることしかできない。一方、真砂は、命を奪われることもなく、どちらかの男の所有下に収まることもないまま、「どうにもならない立場」を脱して生き延びる。

『羅生門』の羅生門の下で雨宿りする三人の男たちは、かわるがわる、「羅生門に住んでいた鬼が、人間の恐ろしさに逃げ出したと言う話さえある」社会の恐るべき苛酷さを語る。そして、その社会とは、女性にとってさらに苛酷な社会である。そこで一方的な欲望の視線を向けられ、性暴力の犠牲となる女性は、真砂ただひとりにとどまらない。多襄丸の証言についての話を聞き終えた下人は、ふと「昨年の秋、鳥部寺の賓頭盧の後の山に、物詣に来たらしい女房が一人、女童《めのわらわ》と一しょに殺されていたのも、こいつの仕業らしい」と話す。しかし、『羅生門』の世界では、「男性に対する罪」だけが「恐ろしい罪」として認識され、性暴力も脅迫も「女性に対する罪」としては認識されることはない。先述したように、旅法師の列挙する「災い」には、真砂に対する強姦は含まれない。また、下人が多襄丸に殺されたらしき女房と女童について話しても、旅法師と杣売はとりたてて反応もせずに聞き流す。この世界には、真砂が殺害もされず自害もせず、一度は「馬以下」に貶められた自らの価値を回復して、男たちから生き延びたことを、歓迎する人間は基本的に存在しない。

真砂のサバイバルは、観客によって歓迎されることもなかった。最後の証言〜回想場面の真砂を、北村匡平は「男を陥れる悪女」[14]、尾形敏朗は「男を誘導しツバを吐きかけ高笑いする狂気の化物」「欲望のアニマル」と呼ぶ。[15]映画の物語世界内部の男性たちの女性嫌悪を、映画を見る観客たちも分かち合ってきたといえるかもしれない。山で殺されていた二人とは異なり、真砂は生き延びて山を下りはしたものの、疑念と好奇の視線によって包囲され、さらには強姦殺人事件における真の加害者と名指され、「悪女」「化物」と戦慄されてしまう。

しかし、女性嫌悪的な世界と人間たちを描く映画それ自体が、完全に女性嫌悪的であるとは限らない。映画『羅生門』は、性的規範が侵犯された際に、当然のように女性側により重い責任とペナルティが課される社会を舞台とし、そのような苛酷な社会のただ中で、性暴力の被害者となった女性が、自らに害を及ぼす視線に包囲され、「どうにもならない立場」に追い込まれるプロセスを、従来の映画にはなかった詳細さで可視化する。「どうにもならない立場」が極度に苛酷で孤立したものであるだけに、そこから自分で自分を救い出して生き延びる真砂の、尋常ならぬタフさが際立つことになる。しかも、最終的に真砂は「化物」として退治されることもなく、「獣」として檻に入れられることもなく、『羅生門』における検非違使の裁きの結果は永遠に宙吊りのままである。今日、『羅生門』を観るにあたり、男性登場人物一同の性暴力に対する認識や、女性嫌悪に付き合う義理はわれわれにはなく、孤立無援の「どうにもならない立場」に陥れられつつ、自らのパフォーマンスのみを武器にサバイバルを果たす真砂＝京マチ子に対して、改めて敬意を表することをためらう必要もまたない。

『羅生門』の真砂は、「強姦の被害者にふさわしいか弱くしおらしい女らしさ」の演技の無効性を悟り、「ぐじぐじしたお芝居にはうんざり」と叫ぶ瞬間から、強姦という事態をめぐる男女の立場の圧倒的な非対称性を転覆させ、自分で自分を救い出すタフな問題解決能力を、本格的に発揮する。『羅生門』以降も、京マチ子は、本来の自分とは異なる何者かを演じつつ、その上で、「見られる／見せるため」の芝居をふいに放棄するパフォーマンスをしばしば披露した。溝口健二監督『雨月物語』（大映、一九五三年）の深窓の姫君若狭（京マチ子）は、婿に迎えて契りを結んだはずの源十郎（森雅之）の不実を悟るや、生きた人間としての芝居を放棄し、死霊の正体を現して彼をなじる。同じく溝口健二監督『赤線地帯』（大映、一九五六年）の娼婦ミッキー（京マチ子）は、家出娘を迎えに来た実父に対して、放蕩三昧で母を苦しめ死に追いやった過去の行状を責め、いっそ自分と遊んでみるかと自虐的な誘いをかけた後に、「けったくそ悪い、大メロドラマやがな。一風呂浴びて、マリリン・モンローでも見て来たろ！」と、ふいに愁嘆場を父親ごと突き放し、自分はそこを抜けて観客の立場に回る。あるいは、市川崑監督『穴』（大映、一九五七年）の「七変化」のインパクトは、京マチ子が変装を「解く」瞬間にこそ高揚する。

京マチ子の演技は、「芝居らしからぬ自然さ」とも言い難く、また、さまざまに異なる役柄を「器用に」演じ分けるというわけでもないだろう。大いなる芝居っ気をもって「芝居」を演じつつ、ふいにその「芝居」を突き放し破壊する瞬間に、京マチ子のスターとしての迫力とペルソナの複数性は、とりわけ鮮やかに突出する。そして、その「芝居を突き放し破壊するスター」としてのパワーは、『羅生門』の「ぐじぐじしたお芝居にはうんざり」から、本格的に発揮されはじめたのだ。

## 註

［1］ドナルド・リチー『黒澤明の映画』三木宮彦訳、社会思想社、一九九一年、二〇一頁。

［2］Dominique Russel, "Introduction: Why Rape?" in Dominique Russel, ed., *Rape in Art Cinema*. New York: The Continuum International Publishing Group Inc, 2010. 2.

［3］映画『羅生門』のせりふは次より引用。黒澤明・橋本忍脚本「羅生門〔コンティニュイティ〕」『キネマ旬報 増刊〈黒澤明・その作品と顔〉』第三三八号、一九六三年四月。

［4］今成尚志「黒澤明『羅生門』におけるジェンダー表象について」『言語社会』第四号、二〇一〇年三月、一橋大学大学院言語社会研究科、三四二―三四三頁。

［5］尾形敏朗『巨人と少年――黒澤明の女性たち』文藝春秋、一九九二年、八八頁。

［6］リチー、前掲書、一九四頁。

［7］中村秀之「ポスト占領期黒澤明論」『思想』第九八〇号、二〇〇五年一二月、一四八頁。

［8］長谷正人「映像の社会学・再考――黒澤明の『羅生門』をめぐって」『社会学年誌』第四三号、二〇〇二年三月、早稲田大学社会学会、一四頁。

［9］尾形、前掲書、九六頁。

［10］北村匡平『美と破壊の女優 京マチ子』筑摩選書、二〇一九年、八五―八六頁。

［11］橋本忍『複眼の映像――私と黒澤明』文春文庫、二〇一〇年（Kindle版、No. 534-540/4185）。

［12］今成、前掲論文、三四三頁。

［13］尾形、前掲書、九四頁。

［14］北村、前掲書、八九頁。

［15］尾形、前掲書、九七頁。

# 第4章　姫とホモソーシャル
## ——『隠し砦の三悪人』における「悪」への抵抗

### 男と男の縁結び

時代劇と現代劇の別を問わず、黒澤明監督作品は、きわめて多様な男性と男性の関係を描写してきた。たとえば『悪い奴ほどよく眠る』（一九六〇年）の冒頭の結婚式では、大がかりな「男と男の縁結び」の儀式がくり広げられる。権勢を恣にする公団副総裁（森雅之）と、脚の障害のために結婚が遅れていた副総裁の娘（香川京子）を引き受けることで、立身出世の足がかりを得たと噂される新郎（三船敏郎）との結縁を中心に、上司と部下、官僚と政商、義弟になろうとしている親友に対する強烈な執着心を隠さない義兄（三橋達也）といった、男同士の複雑な人間関係がダイナミックに交錯する。その一方で、この婚姻によって直接結ばれるはずの新郎新婦の絆は、ごく稀薄なものでしかないことが示唆され、披露宴会場に入場する際、重い礼装をまとって不自由な足で必死に歩みを進め、よろけて倒れそうになる新婦を、新郎は振り向いて手助けしようとするそぶりも見せずに進みつづける。結局、映画冒頭で結婚式をあげる男女は、最後まで肉体的に結ばれることはない。

黒澤明監督作品に頻出する「男同士の絆」は、近年では「ホモソーシャル」と論評されてきた。たとえば、四方田犬彦は、「一九九〇年代以降のジェンダー研究では、同性愛（ホモセクシュアリティ）とは別に、男どうしの肉体を伴わない強い友情の絆を同性社会性（ホモソーシャリティ）と呼んで、区別して認識することが一般的となっている。同性社会性が興味深いのは、断固として同性愛による肉体的接触を拒否するという点にある」と述べたうえで、「黒澤明のフィルムは、処女作『姿三四郎』から晩年の『乱』まで、ほとんど男性しか登場せず、女性には小さな脇役しか与えられないという点で、ホモソーシャリティの典型と見なすことができる（繰り返し断っておくが、それはけっしてホモセクシュアリティを意味しているわけではない）」と指摘している。[1]

黒澤明監督作品において「男同士の絆」がきわめて重要な意味を担いつづけてきたことは明白であるとして、しかし、それが果たして四方田のいう「ホモソーシャリティの典型」にとどまるものかどうかについては、より慎重に検討する必要がある。四方田による「ホモソーシャリティ」の定義紹介では、「ホモソーシャリティ」と「ホモセクシュアリティ」は厳密に区別されるべきとされ、黒澤作品のホモソーシャリティは「けっしてホモセクシュアリティを意味しているわけではない」と念が押される。しかし、一九九〇年代初頭の著作で「ホモソーシャル」概念の理論化を試みたイヴ・コゾフスキー・セジウィックは、男性間の「ホモセクシュアル」すなわち同性間の性愛の絆と、「ホモソーシャル」すなわち同性が相互の利益を推進する社会的連帯とは、人類の歴史上、地域と時代を問わずに、常に厳密に切断され区分されてきたわけではなく、その間には常に「潜在的に切れ目のない連続体」が形成される可能性が潜在してきた、との認識を示している。[2]

たとえば、古代ギリシア社会において、年齢差のある男性間の性愛の絆が公認されてきたように、「ホモセクシュアルな欲望」と「ホモソーシャルな連帯」が切り離されることなく、連続体を形成していた時代や地域も実在する。しかし、セジウィックは、近代西洋社会では、家父長たる資質をもつ異性愛男性が、権力と資源を占有しかつ相互に交換する権力関係の固定に伴い、同性愛に対する恐怖と嫌悪――ホモフォビア――の文化が形成され、男性の「ホモソーシャルな社会的連帯」と、「ホモセクシュアルな欲望」の分離が進行したと論じる。異性愛者の男性が、「象徴的な財」としての女性を交換、贈与しあい、あるいは女性をめぐる競争を通じて相互の序列を定めることで、ホモソーシャルな連帯を基盤とする社会権力関係は安定的に維持されるが、そこでは女性は異性愛の欲望の対象として求められる一方、真の人間関係の相手とは認められず、矮小化されたジェンダー役割のうちに留め置かれる。セジウィックは『男同士の絆』と『クローゼットの認識論』の二冊の主著において、主に一七世紀から二〇世紀にかけての英文学のテキスト分析・解釈を通じて、以上のプロセスを記述してきた。

セジウィックのいう「ホモソーシャルな社会権力関係」の典型と称してさしつかえなさそうな人間関係が、黒澤明監督作品に頻出することは確実だろう。たとえば、先述した『悪い奴ほどよく眠る』の冒頭の結婚式の場面では、娘／妹の贈与を介して、権力と財を有する父親及び長兄と、謎めいた魅力的な青年との間に、特別な絆が結ばれる。あるいは、『用心棒』（一九六一年）では、宿場町の利権を争う男性たちの間で、いっそう大がかりで複雑な女性の「贈与・交換」がくり広げられる。貧しい百姓小平（土屋嘉男）の美しい女房ぬい（司葉子）は、夫が博打で作った借金のかたに新田の丑寅（山茶花究）に召し上げられ、丑寅が造酒屋多左衛門（志村喬）の後ろ盾を得る見返りに妾として多左衛門に贈与された後に、丑寅と対立する馬目の清兵衛（河津清三郎）に身柄を押さえられ、丑寅に拉致された清兵衛の倅与一郎（太刀川寛）との人質交換に使われる。

黒澤明監督作品の描く「男同士の絆」は、ただ「ホモソーシャル」の枠内に留まるのみならず、時として「ホモソーシャル」と「ホモセクシュアル」を隔てる境界を揺るがすような方向性へと発展する。黒澤が脚本・監督として関わった時代劇映画の多くは、物語中の時代を戦国時代後期に設定するが、その当時の日本において、身分差・年齢差のある男性同士が性愛の絆を結ぶことはタブーではなく、武士や僧侶といった支配階級の最上層にまで「男色」が浸透していたことは周知である。セジウィックは、古代ギリシア社会について「「男を愛する男」と「男の利益を促進する男」との間にはまったく切れ目がなかった[3]」と記述するが、それと近い性愛の文化が、多くの黒澤時代劇の舞台となる歴史的時代には実在しており、そこでは近代以降に進行した「ホモセクシュアル」と「ホモソーシャル」の分離は未成立だった。黒澤時代劇にも、身分と年齢の上下の差を基本的な前提とする「男色」の規範からも逸脱するような、エロティックまたはロマンティックな男同士の絆が潜在している場合がある。

ドナルド・リチーの『黒澤明の映画』には、黒澤明作品における男同士のエロティックもしくはロマンティックな関係についての言及が随所にみられる。黒澤作品における男同士の親密な関係の描写を、リチーは総じて鋭敏な感性をもって把握し、時には作品から得られたヒントを大胆に発展させて、「二次創作」に近いとすらいえる解釈へと踏み込む。『黒澤明の映画』は、九〇年代以降の「クィア・リーディング」に相通じる読みを随所に見出しうる点においても、ユニークな作家論となっている。

たとえば、リチーは、黒澤時代劇の代表作『七人の侍』(一九五四年)の、無口な剣客久蔵(宮口精二)を、若い勝四郎(木村功)が「法外に崇拝し」、久蔵の方も「この少年に引かれている」が、一方で、「侍」を自称する素性不明の男菊千代(三船敏郎)も勝四郎を意識している、という男同士の三角関係に注目し、その只ならぬ関係の帰結について、次のように記述する。

> 菊千代は、間接的には剣客(久蔵)と少年(勝四郎)のために命を落とすことになる。ほかの侍と同じように、彼もまた勘兵衛の関心を買うことを望んでいる。そして、彼も少年の追従を楽しんでいる。そこは剣客と同様だ。勝四郎が、どんなに剣客がすばらしい人間であるか語りはじめると、菊千代はイヤミを言う。菊千代が出かけて行って、鉄砲を奪って来るのはその直後のことである。また、少年が泣いているのを見ると、野武士の首領を追っていってしとめるのも彼である。しかし、彼自身もそのために命を落とす。[4]

『七人の侍』の久蔵と菊千代の戦死の場面では、狙撃されて倒れた久蔵の死体にすがりつき、狂ったように泣き叫ぶ勝四郎を見るやいなや、菊千代は狙撃者のいる方角に猛然と走り出し、沿道の家屋の中に潜んでいた野伏《のぶ》せりの頭目に迫り、銃撃を受けて致命傷を負いながらも、頭目を屋外に追いつめて刀で刺し貫き、息の根を止めるが、自らもそこで力尽き、小川にかかる橋の上にうつぶせに倒れて息絶える。なおも降り注ぐ雨が、泥にまみれていた菊千代の身体を洗い、身につけた鎧具足からむき出しになった尻が白く浮き立つ。死せる菊千代の裸の尻のイメージは、今日に至るまで世界中の観客を魅了し、数多の論評の対照となってきたが、男同士の三角関係が、二人の男の死によって完結した瞬間に提示されるこのイメージに、エロティックな高揚があることは確実といえる。

『七人の侍』のエロティックあるいはロマンティックな人間関係の要《かなめ》となるのは、侍七人の中で最も年少の勝四郎である。撮影当時、勝四郎役の木村功はすでに三〇歳だったが、勝四郎は前髪を残した若衆の髪型で登場し、ともすれば年輩の侍たちから「子ども」と呼ばれることから、おそらくは二〇歳そこそこの若者と設定されていると考えられる。近世日本において、前髪を残した「若衆」とは、女性のみならず、年長の男性とも性愛関係を結びうる存在であったことは知られている。[5] 勝四郎は、百姓万造（藤原釜足）の娘志乃（津島恵子）と恋仲になりはするが、一方で、先述した久蔵や、あるいは七人の中のリーダー格の勘兵衛（志村喬）に対して熱烈な思慕を捧げてやまない。成人男性とも「女性」とも隔てられた、「第三のジェンダー」ともいうべき「若衆」としての立場にある勝四郎が、男女両性を相手に愛の絆を結びうるとしても、作中の歴史的時代の性規範を考えれば不思議はない。

黒澤明が大学ノート六冊に自筆で書き残した『七人の侍』創作ノートには、勘兵衛と、完成した映画で勘兵衛が「儂の古女房」と紹介するかつての部下七郎次〔加東大介〕との関係についても、詳細なメモが記されている。

○彼〔七郎次〕は勘兵衛を主人だときめている。勘兵エを愛し尊敬し、その手足になって働く事に安心立命している。〔中略〕
○妻子がある。
しかし勘兵エの為めには、喜んでその妻子を捨てる。
たゞ半日の暇を貰って、後々の事を片附けて来たいと云う。
それも大変恐縮して――〔中略〕
○彼の眼中には勘兵エしかいない。まはりの連中とは殆んど話もしない。[6]

先述した通り、戦国時代後期の日本においては、男性のホモセクシュアルな欲望とホモソーシャルな連帯は、いまだホモフォビアによって切断されておらず、年齢・身分の上下の差を前提とした男性間の性愛の絆が公認されていた。したがって、勝四郎が男女両性を相手に愛の絆を結びうることも、七郎次が勘兵衛を愛し、「古女房」と呼ばれる特別な存在として扱われることも、当時の性規範の許容範囲内に収まる。

その一方で、三船敏郎演じる菊千代は、身分も年齢もばらばらに異なる複数の男性相手に、勝手気ままに求愛めいた働きかけを行うことで、「年齢・身分の上下の差を前提としたホモセクシュアルとホモソーシャルの連続体」からも逸脱する。菊千代が真の「侍」ではなく、素性を偽っていることは、わが家の系図と称する巻物を他の侍たちに示し、そこに「天正二年二月一七日生まれ」と記された「菊千代」が自分だと言い張り、「この菊千代と申す者がお主に間違いなければ、お主は当年とって一三歳」と笑われる場面で明白になる。年齢も、身分も、本名も終始不明の菊千代は、『七人の侍』の他のすべての登場人物が何らかの形で帰属している階層秩序と唯一無縁の人物であり、したがって、武家社会における「男色」の規範にも収まることがない。

久蔵と勝四郎に対する菊千代の執着については先述したが、利吉（土屋嘉男）や与平（左卜全）といった百姓側の人物たちとも、菊千代はしばしば範を踏み越えた絆を結ぼうとする。たとえば、自宅の母屋を侍たちの宿舎として提供した利吉が、自分は厩で寝ようとしているところ、突然闖入してきた菊千代が、「俺も今夜からここに寝るぜ」と利吉の傍らに身を横たえ、「思い出すなあ」と呟く。この場面では、菊千代はそれまで隠してきた百姓としての出自を示唆しているとみることもできるが、隠されていたアイデンティティが、「男同士の二人きりの同衾」というシチュエーションで示唆される点にも、ホモエロティックな含意が窺われる。[7] 近代以降の異性愛主義的な社会で、自分のセクシュアリティを「クローゼットに隠して」生き延びることを余儀なくされてきた性的マイノリティの体験と、『七人の侍』の菊千代の、「真の素性を偽り」「自分以外の何者かになりすまし」「同性に対してたびたび求愛めいた働きかけを試み、範を越えた絆を求める」ふるまいは、まったく無縁のものではないだろう。菊千代というキャラクターには、より現代的な意味での「クィア」性を読み込む余地もあるといえる。

『七人の侍』と同様に、戦国時代を舞台とする時代劇映画である『隠し砦の三悪人』（一九五八年）にも、ドナルド・リチーは男と男の特別な絆を見出す。『隠し砦の三悪人』のオープニングでは、太平（千秋実）と又七（藤原釜足）が、カメラに背を向けて口汚く罵りあいながら、荒涼とした戦場を歩いていく光景が映し出される。口論の内容から、二人は同じ村に住む百姓で、手柄を立てて立身出世する望みを抱いて戦場に出てきたものの、敗け戦に巻き込まれて散々な目にあい、命からがら逃走中であることが判明する。一緒にいる間はたえず口論し、互いに相手を出し抜こうと争う太平と又七だが、離れ離れになることには耐えられないらしい。リチーは、それぞれに敵方に捕われた太平と又七が、攻め滅ぼされた秋月藩の城から消えた軍用金を掘り出すための強制労働の場で再会するシーンを、次のように記述する。

……二人はまた一緒になれたことに狂喜する。からみあい、名を呼びあい、連れ去られる瞬間には互いに残念で泣き出してしまう。〔中略〕危険が来るまではいがみあっていても、お互いにお互いが必要なときは、その感情のほうが憎しみよりも強いのだ。[8]

『隠し砦の三悪人』の物語は、男女の異性愛ではなく、特別な縁で結ばれているはずが、ともすれば争ってしまう男同士の絆のゆくえを追って展開する。滅びた秋月藩の侍大将で、ならず者に身をやつしつつ、主家の唯一の生き残り雪姫（上原美佐）と軍用金二百貫を守り、安全な同盟領へと送り届ける使命を遂行する真壁六郎太（三船敏郎）と、敵方の山名藩の侍大将の田所兵衛

（藤田進）は、今は敵味方に分かれてはいるが、元は「百年の知己」であり、太平と又七と同様に、争いつつも離れがたい間柄である。六郎太は、口のきけない山の娘に身をやつした雪姫と、薪に偽装した軍用金を守りつつ、太平と又七を荷役として巻き込み、同盟国の早川藩への脱出を決行する。一行を捕える命を受けた田所兵衛は、六郎太に一騎打ちを申し入れ、両者は長槍を振るって、しばしダイナミックな立ち回りをくり広げるが、やがて六郎太に槍を打ち折られた兵衛は、潔く敗北を認め、その場に胡坐《あぐら》で座り込み、首を取るように促す手ぶりをする。それに対して、六郎太は「また会おう！」と呼びかけ、馬上から兵衛に向かって笑顔を見せ、その場から駆け去ってゆく。

六郎太と雪姫、途中の宿場で雪姫が人買いから救い出した娘（樋口年子）の三人が、ついに山名方の追っ手に捕われたとき、山名方の陣屋で縛られている三人の前に、顔面に大きな傷跡を負った兵衛が現れ、六郎太との一騎打ちに敗北し、一行を取り逃がしたことを主君に責められ、弓杖で顔を打たれる辱めを受けたと語り、勝負に勝ちながら、自分に止めを刺さずに生き恥をかかせたと、六郎太に向かって恨み言を述べる。しかし、そこに雪姫が「愚かな！」と一喝の声をあげ、「人の情けを生かすも殺すも、己の器量次第じゃ」と、兵衛の心得違いを諭したうえで、六郎太に対して改めて労いと感謝の言葉をかける。

その翌日、六郎太、雪姫、娘の三人が、処刑のために護送されようとした時、兵衛はにわかに長槍を取って立ち、山名方の侍たちをなぎ倒して、姫たちの縛《いまし》めを断ち、一行を早川領へと逃がそうとする。だが、姫の「犬死には無用ぞ！　志あらば続け！」の呼びかけに従い、兵衛は「裏切り御免！」の名高い捨てぜりふを残して、六郎太と雪姫たちに付き従い、早川領へと逃れ去る。

一方、六郎太たち一行と離れ離れとなり、相変わらず罵り合いながら早川領をさまよっていた太平と又七は、早川藩の侍に見咎められて捕えられ、牢屋の中で寄り添って、「あの世に行っても仲良く」と後生を誓い合う。しかし、裁きの場に引き出された二人の前に、拝領の鎧兜に身を固めた真壁六郎太と、田所兵衛を左右に従え、盛装した姫君の姿となった雪姫が登場し、二人に褒美として大判一枚を授け、「仲良う分けるのじゃ、喧嘩はならぬぞ」と諭す。ラストシーンでは、太平と又七が連れ立って、和やかな笑顔を見交わしつつ、大判を互いに譲り合いながら、カメラに向かって石段を降りてくるという、映画冒頭のカメラに背を向けた口論とはまったく対照的な情景をもって、映画は大団円に至る。『隠し砦の三悪人』の結末では、姫君がヒーローと結ばれる典型的なハッピーエンドは回避され、代わりに、互いに離れられない間柄にもかかわらず、争いをやめられずにいた男同士の「カップル」二組が、それぞれに円満な結縁を果たす。

## 「スワッシュバックラー」としての『隠し砦の三悪人』

「滅亡に瀕した小国の姫君を、ならず者に身をやつしたヒーローが助ける」という『隠し砦の三悪人』のプロットは、ハリウッド映画のジャンルのひとつである「スワッシュバックラー」と類似している。「スワッシュバックラー」は、"swash"（剣と盾のぶつかり合う音を表す擬音語）と"buckler"（盾）を組み合わせた造語で、語意・語感としては日本語の「チャンバラ」とも近い。

一般的には、「スワッシュバックラー」は、「過去の歴史的時代のコスチュームを身につけたヒーローが、冒険し、剣を振るって争闘するアクション映画」を指す用語として通用している。「スワッシュバックラー」に関しては、加藤幹郎『映画ジャンル論』及び木村建哉の論文「スワッシュバックラー映画としての『ルパン三世　カリオストロの城』――宮崎駿における古典的ハリウッド映画の伝統の影響」が、それぞれに詳細な定義・説明を試みている。

木村建哉「スワッシュバックラー映画としての『ルパン三世　カリオストロの城』」は、ハリウッドにおける「スワッシュバックラー」は、一九二〇年代のダグラス・フェアバンクスと、一九四〇年代のエロール・フリンという、ジャンルを代表する男性スターの主演作品の製作ブームにより、二度のピークに達したという経緯を確認したうえで、「スワッシュバックラー」の典型的構成要素を次のように要約している。

1．舞台は王国あるいはそれに相当するものである。

2．その王国等の中で、内乱や反乱、王位簒奪の陰謀、あるいは植民地等での支配者（総督・市長等）の不当な権力行使等によって、その王国等が危機を迎えている、あるいはその威信が大きく揺らいでいる。

3．そうした王国等の危機、あるいは威信の低下を盗賊、海賊等のならず者（アウトロー）の集団が救い、あるべき秩序を回復する。このあるべき秩序の回復にはしばしば、王国内での民族、階級、党派等々の間での対立の解消と王国の一体性の再構築が含まれる。

4．その過程で、ならず者のリーダーと彼にしばしば助けられた、あるいは逆に彼を助けた、王女あるいは植民地の場合にはそれに代わる女性（総督や市長の姪等）が恋に落ち、最後には結ばれる。

5．多くの場合、ならず者のリーダーは実は高貴な血筋を引いている。[9]

以上の定義を踏まえたうえで、木村建哉は、宮崎駿の長編劇場用アニメーション映画監督第一作『ルパン三世　カリオストロの城』（一九七九年）を、「管見するところでは、映画史上最も完成度の高いスワッシュバックラー映画である」と評価する。木村によれば、『カリオストロの城』は、ハリウッドの「スワッシュバックラー」の、物語上・演出上の典型的な構成要素を採り入れたうえで、「ヒロインに積極的にアクションに参加させることで、メインプロット（目的の達成）とサブプロット（恋愛）の緊密な一体化を成し遂げており、古典的なスワッシュバックラー映画以上にこのジャンル（ないし冒険映画のサブジャンル）を完成の域にもたらしている[10]」。

「宮崎駿に対するハリウッドのスワッシュバックラー映画の影響に関しては、今のところ本人の発言等の直接的な証拠はない」と木村は記しているが、一九五八年公開の『隠し砦の三悪人』が、一九四〇年代に流行のピークを迎えたハリウッドの「スワッシュバックラー」と、一九七九年の『カリオストロの城』の間を繋いだ可能性もありうるだろう。宮崎駿は、かねてより、『隠し砦の三悪人』をはじめとする黒澤明監督作品への傾倒を表明しており、ハリウッドの「スワッシュバックラー」の物語及び演出のスタイルを、『隠し砦の三悪人』を経由して受容したとも考える。

「危機に瀕した王国」、「ならず者に身をやつした高貴な生まれのヒーロー」、「ヒーローに守られる姫君」、「あるべき秩序の回復による大団円」といった、「スワッシュバックラー」の典型的な要素を、『隠し砦の三悪人』は確実に備えている。かつ、姫君が勇敢で行動力ある人物であり、積極的にアクションに参加する点において、『隠し砦の三悪人』は、木村の指摘する『カリオストロの城』の画期性を先取りしていた。増村保造は、『隠し砦の三悪人』公開時の評で、戦後日本の時代劇映画が、「もはや芸術作品を生むことができず、二流の娯楽劇、その名もコスチュームプレイと西洋風に書き替えた方がよさそうなありさま」であり、「時代劇のヒーローたちは、変転する戦後の時代の波に洗われて、夢の国、ディズニイ・ランドの住人と化しつつある」行き詰まり状態を見出している。[11] 増村は、『隠し砦の三悪人』を厳しく批判しつつ、オーソドックスな時代劇映画を離れ、ハリウッドのジャンル映画に近づいた作品であることを察知していたといえる。

一方で、『隠し砦の三悪人』が、『カリオストロの城』とも、古典的ハリウッド映画の「スワッシュバックラー」とも一線を画している点は、木村の挙げるジャンルの典型的要素の「4.」にあたる、ならず者ヒーローと姫君の異性愛ロマンスの欠如にある。[12] 一九三〇年代後半以降のスワッシュバックラーの第二の隆盛期を代表するスターであったエロール・フリンの主演作品には、相手役としてのオリヴィア・デ・ハヴィランドの存在が欠かせなかった。代表作『ロビンフッドの冒険』（マイケル・カーティス監督、一九三八年）のマリアン姫ほか、ハヴィランドの演じたヒロインは、ただ美しく徳高いばかりではなく、勝ち気で知性と行動力を兼ねそなえ、ときにはヒーローを危機から救い、あるいは共に敵に立ち向かう、頼りがいのあるパートナーだった。宮崎駿監督の冒険活劇のヒロインや、二一世紀の「ディズニー・プリンセス」ら、「英雄的な姫君」の原型のひとつといえる「スワッシュバックラー」のオリヴィア・デ・ハヴィランドのイメージは、『隠し砦の三悪人』の雪姫とも相通じている。しかし、ハヴィランドの演じた姫君や令嬢は、それぞれの映画の大団円で、エロール・フリンの演じるヒーローとの異性愛ロマンスを成就させるのに対し、雪姫は終始異性愛ロマンスとは無縁のまま通すことが、両者を決定的に隔てている。

『ロビンフッドの冒険』と『隠し砦の三悪人』の結末を比較してみると、ひとたび敵に囚われたヒーローと姫君は自由を取り戻し、存亡の危機にあった国は救われ、功労者に褒美が与えられる、という展開自体はかなり類似している。『ロビンフッドの冒険』では、十字軍遠征に出立した兄リチャード獅子心王（イアン・ハンター）の不在に乗じて王国を簒奪しようとする王弟ジョン（クロード・レインズ）の陰謀が、ロビン・フッド（エロール・フリン）率いるアウトロー集団と、マリアン姫（オリヴィア・デ・ハヴィランド）の活躍によって打ち破られる。王国に平和と秩序が戻った後、正統な国王として帰還したリチャードは、ロビン・フッドと部下たちに恩賞を与え、さらにマリアンとの結婚を認める。晴れて婚姻の絆で結ばれることになったロビン・フッドとマリアンは、そのまま王宮を辞去し、自由の天地を目指して共に旅立つ。『隠し砦の三悪人』もまた、『ロビンフッドの冒険』と同様に、「姫君と国が救われ、功労者に褒美が与えられる」大団円を迎えるが、一方、そこで成立するのは男女の婚姻ではなく、先述したように「男同士の円満な結縁」である。

黒澤明監督作品が、物語の中心に異性愛ロマンスを置かないか、その円満な成就を回避する傾向は、『隠し砦の三悪人』に限られるものではない。そして、異性愛ロマンスを避ける傾向は、黒澤明のキャリアの初期段階から、「女が描けない」欠点として解釈されてきた。監督デビュー前の増村保造が、一九四九年に読者投稿として『キネマ旬報』に寄稿した「黒澤明論」の、「彼は恋愛、したがって女性の描写は、男の世界のそれに比して極めて拙劣である」[13]との評は、半世紀以上にわたって、さまざまな形で反復されてきた。先に引用した四方田犬彦の、黒澤明監督作品には、「ほとんど男性しか登場せず、女性には小さな脇役しか与えられない」[14]という断言はいささか極端としても、黒澤明監督作品の関心が、女性及び男女の異性愛にはなく、男性及び男性同士の関係に集中する傾向がある点については、今日に至るまで、批評家・研究者の間では概ね合意が成立してきたといえる。

「小さな脇役」では確実にない『隠し砦の三悪人』の雪姫は、しばしば「男性化」したヒロインと評されてきた。尾形敏朗は、同じく主君を守って敵領を脱出する物語を語る『虎の尾を踏む男達』（一九四五年）の義経（仁科周芳）と、雪姫の相似性を指摘し、『虎の尾を踏む男達』の義経が女性的な存在であるのに対し、雪姫は「〈男性化〉することで、セックスを封じこめている」と評している。[15]また、一貫して「黒澤明が《女》を描けないこと」を批判しつづけてきた増村保造が、「黒澤明論」の二五年後に『キネマ旬報』に寄稿した次の文章で、「黒澤さんは女を追っているのではなく豪傑を描いているにすぎない」と書くとき、そこで想定されていたひとりは雪姫であっただろう。

氏の映画では、女でさえ「豪傑」になるのだから怖ろしい。なるほど、女らしく、泣きもし、嫉妬もし、狂乱もする。しかし、それはあくまで表面的なことであって、情熱の燃えるままに身を亡ぼし、狂い死にする女など絶対に登場しない。いつかは立ち直って、男と同様に意志的になり、勇ましく悲壮で、しかも明るく余裕のある人間となる。その根性たるや、まさに「女豪傑」であって、泉鏡花、永井荷風、谷崎潤一郎などが描く魔性の女、煮ても焼いても食えぬ、世にも美しく恐ろしく爛熟し、荒廃した女とは全くちがう存在である。だから黒澤さんは女を追っているのではなく豪傑を描いているにすぎない。[16]

増村保造は、「恋愛、したがって女性の描写」と、「恋愛」と「女性」を不可分一体として記述する。映画における「女性」の描写を成立させるためには、異性愛の関係性の描写が不可欠であるとする規範の支配ゆえに、異性愛ロマンスとは無縁のヒロインである雪姫は、〈男性化〉した、あるいは「女ではない」存在とみなされてきた。それに対して、以降では、雪姫を〈男性化〉したヒロインとしてではなく、男性の〈悪〉と闘うヒロインとして捉え、『隠し砦の三悪人』の、ヒロインを守る「ヒーロー」が、ヒロインが立ち向かうべき「悪人」でもあるという、複雑な善悪の構造を明らかにすることを試みる。

## 「悪」に逆らう少女たち

『隠し砦の三悪人』のタイトルが、ジョン・フォード監督の西部劇『三悪人』(一九二六年)に由来していることは、かねてより指摘されている。しかし、三人の無法者が、父を殺されて孤児となった少女のために、自己犠牲の戦いに参じる『三悪人』に対し、『隠し砦の三悪人』の「三悪人」が、登場人物のうちどの三人を意味しているのか、映画内では必ずしも明示されない。『隠し砦の三悪人』の、姫と軍用金を敵領から同盟領へと護送する脱出行の顔ぶれは、当初は、真壁六郎太、雪姫、太平と又七の四人だが、途中の宿場町で人買いから買い取られた娘が加わり、最後に田所兵衛が合流する。四人の男性、二人の女性からなる主要登場人物のうち、尾形敏朗は、真壁六郎太は「心・技・体のすべてをそなえた」欠点のないヒーローであるため、「悪人」ではないとして、「強いものは善であり、弱いものは悪なのだ。ならば〈三悪人〉とは〈三弱人〉……太平、又七、そして雪姫ではなかったろうか[17]」と記している。

しかし、真壁六郎太が「悪人」でもあることは、いくつかの点から証明しうると著者は考える。まず、ドナルド・リチーが「この映画のモラルは何だろう? それは姫の中にある[18]」と述べるように、雪姫はこの映画の物語における道徳的指針となる人物であり、終盤で山名方の捕虜となりながらも、田所兵衛に道理を説いて心服させる場面からも、それは明らかといえる。そして、雪姫と六郎太と真壁が最初に対面し、言葉を交わす場面から、両者の間には抜き差しならない道徳的対立がある。山中の隠し砦に潜む姫のもとに参上した六郎太は、偽の雪姫として敵方に差し出した自分の妹小冬が処刑されたことを告げ、敵の警戒が緩んだ隙に脱出することを進言する。それに対して、雪姫は六郎太を厳しく責め、「その方の顔、見るも嫌じゃ。妹を殺して涙一つ流さぬ、その忠義顔！」と六郎太に向かって鞭を振り上げた後、「嫌じゃ！」とくり返しながらその場を去る。

雪姫と六郎太の最初の対面は、この映画における「悪」とは何かが確認される場面といえる。『隠し砦の三悪人』における「悪」は、戦争で敵を殺すこと以上に、「女性の取引」に見出される。太平と又七は、山中で見かけた雪姫を、滅ぼされた秋月藩の世継ぎの姫と疑い、褒賞金を目当てに山名方に訴人しようとするが、二人に一歩先んじて、六郎太は実の妹を姫の身代わりに山名方に差し出し、詮議を一時的に止めようとする。ここで、三人の男たちは、いずれも女性を使った取引を試みる。欲得ずくの太平と又七に対し、六郎太が妹を使って敵と取引したのは、主家への忠義を果たすという大義名分のためだが、その行動は雪姫に厳しく咎められる。

先述したように、黒澤明監督作品、とりわけ時代劇映画には、「財としての女性の取引」が頻出するが、それは道徳的に許容されない行いでもあり、関わった男性たちはほぼ例外なく悲惨な末路を辿る。先に例示した『悪い奴ほどよく眠る』でも、『用心棒』でも、女性を贈与し交換する取引に関わった男性たちは、こぞって破滅していく。あるいは、『羅生門』で、強姦された妻真砂を、「こんな売女は惜しくはない、欲しいと言うならくれてやる、こんな女よりもあの月毛をとられるのが惜しい」と、自分の命と月毛の馬と引き替えに、盗賊多襄丸に差し出す意志を示した夫武弘は、結局は馬も命も失うことになる。『隠し砦の三悪人』の真壁六郎太、太平、又七の三人もまた、「女性の取引」という「悪」に手を染める「悪人」であり、雪姫は彼らに守られ、行動を共にしながらも、道徳的にはたびたび反発する姿勢を示す。

真壁六郎太の「悪人」性は、「ヒロインの口を封じる」ふるまいにも見出すことができる。出発に際して、六郎太は、雪姫の言葉遣いから、敵方や、油断のならない太平や又七に正体が露見するのを警戒し、口のきけない「唖娘」に身をやつさせる。六郎太が雪姫を「唖娘」に仕立てるのは、物語上は雪姫を守るためであり、また、プロとしての演技経験がなく、発声法や時代劇映画独特のせりふ回しの訓練も十分ではない状態で、大作の主演に抜擢された雪姫役の上原美佐の負担を軽減するための配慮もあったと考えられる。一方で、『隠し砦の三悪人』のルーツのひとつと考えられる「スワッシュバックラー」においても、そのさらなるルーツとしての一九世紀の舞台のメロドラマにおいても、「ヒロインの口を封じる」のは、悪漢の役割だった。

映画研究者スティーヴ・ニールは、ハリウッド映画における「ジャンル」の歴史を論じた『ジャンルとハリウッド』において、一九世紀の舞台のメロドラマの物語及び視覚的様式が、二〇世紀初頭に、D・W・グリフィスをはじめとするメロドラマ出身の作り手によって映画に導入された結果、メロドラマをルーツとする多数の映画ジャンルもしくはサブタイプが派生してきたことを指摘し、その中のひとつが「スワッシュバックラー」だったと指摘している。[19]

一八世紀末フランスで、当初は無官許の大衆向け劇場で演じられる「音楽伴奏付きの無言劇」として派生したメロドラマは、一七八九年のフランス大革命以降、「ブールヴァールのコルネイユ」と称されたギルベール・ド・ピクセレクール（一七七三〜一八四四）をはじめとする劇作家たちにより、善と悪とに明快に区分された人物たちの道徳的対立のプロットを、センセーショナリズム、センチメンタリズム、アクション満載で物語る大衆的演劇ジャンルとして発展した。メロドラマは、一九世紀初頭にはヨーロッパ～北米に広く普及し、さらには帝国の植民地拡張に伴い、アジア、アフリカ、オセアニアにも到達し、世界の各地域で現地化された多様なヴァリエーションを生み出していった。

多くの舞台のメロドラマの出演者・制作者たちは、二〇世紀初頭に興隆した映画産業に参入し、メロドラマの作劇や演出、舞台美術・装置などを、初期物語映画に応用していった。その中のひとりが、元はメロドラマの俳優及び台本作家だったD・W・グリフィスであり、「ボーイ・ミーツ・ガール」（ヒーローが目標としてのヒロインを見出す）～「追跡」（悪漢の企みや大規模災害・事故などにより、自分から引き離されたヒロインを、ヒーローが馬や乗り物などを駆使して追いかける）～「ラスト・ミニッツ・レスキュー」（危機一髪の救出）からなるメロドラマの定番のプロットを、映画独自の演出・撮影・編集技法を駆使して再現した。

せりふを使用せず、音楽伴奏とパントマイムで雰囲気や感情を表現する「音楽伴奏付無言劇」としての起源をもつメロドラマには、一九世紀以降にせりふ劇として発展した後にも、口のきけない「唖者」の役が頻出し、名優の演じる「儲け役」となった。メロドラマにおける「唖者」の存在の重要性について、メロドラマ論の基本文献のひとつであるピーター・ブルックス『メロドラマ的想像力』は、次のように記述している。

異なる種類の演劇には、それぞれに対応した感覚の欠損があるのだと、つい主張したくなる。悲劇には盲目がふさわしい。なぜなら、悲劇は洞察と啓示に関わる劇だからだ。喜劇には聾者がふさわしい。なぜなら、喜劇はコミュニケーションの問題、誤解とその結果に関わる劇だからだ。そして、表現についての劇としてのメロドラマには、唖者がふさわしい。[20]

ピーター・ブルックスは、善悪の二元論的対立のドラマとしてのメロドラマにおいては、悪の勝利と善の勝利の瞬間が交互に訪れ、悪が勝利している段階では、善は行動を封じられ、沈黙を強いられる、「悪夢」に似た状態に置かれるが、クライマックスでは、善が何らかの形で強いられた沈黙を突破し、悪の力によって覆い隠されようとしていた美徳と真実を開示する出来事が起こる、と指摘している。メロドラマの中盤までの展開で支配的となる、悪が勝利し、善が身動きと言葉を封じられた「悪夢」の状態は、善の側の人物が、ハンディキャップや傷病、あるいは悪の脅迫や沈黙の誓いなどにより、文字通り「口のきけない」状態に陥れられることによって、しばしば表現されてきた。あるいは、リー・ジェイコブズは、メロドラマ映画における、物語の進行が一時的に行き詰まり、主人公たちが無力で、受動的で、傷つきやすい立場に置かれる「シチュエーション」の重要性を指摘している。[21]

ブルックス、ジェイコブズらのメロドラマ論は、メロドラマにおいて、善の側の人物たちが被らされる、無力性～受動性～強要された沈黙の体験の重要性を、それぞれに指摘している。メロドラマの流れを汲む「スワッシュバックラー」の系譜においても、悪漢が、脅迫、監禁、薬物などの手段を使って、ヒロインの「口を封じる」企てが頻出する。たとえば、『ロビンフッドの冒険』で、王弟ジョンの王位簒奪の陰謀を知ったマリアン姫は、口封じのために牢獄に幽閉され、処刑されそうになる。あるいは、『ルパン三世　カリオストロの城』のヒロイン・クラリスは、悪漢カリオストロ伯爵に薬を飲まされて口をきけなくされた状態で、「異議なきときは沈黙をもって答えよ」と、伯爵との結婚を強制されそうになる。

したがって、『隠し砦の三悪人』で、雪姫を「唖娘」に仕立てて沈黙を強いる真壁六郎太もまた、姫に対して「忠臣」であると同時に、「悪漢」でもあるということになる。そして、『隠し砦の三悪人』の宿場町の場面には、「善」が強いられた沈黙を突破し、「悪」と対決して美徳を開示するメロドラマ的な瞬間を見出すことができるだろう。

雪姫一行は、脱出行の途中で宿場町に立ち寄り、そこで雪姫は、戦に敗れた秋月藩から売られてきて、人買いに身柄を押さえられ、一晩いくらで「切り売り」されようとしている娘を見かける。雪姫は六郎太に対し、娘を買い戻すように命じるが、六郎太は「この期に及んでそのような情けはわがままというものです」と強く反対する。それに対して、「嫌じゃ！　その方はこの姫の心まで唖にする気か！」と、六郎太に鞭を突きつける雪姫のショットからワイプして、その翌日、荷車を引いて山道をゆく一行のショットに切り替わり、荷車を引きつつ「あんな女まで背負いこんでよ」とぼやき合う太平と又七に続いて、荷車の後押しをする娘が映ることで、結局雪姫が六郎太に押し勝ち、それまで連れていた馬三頭を売った代金で、人買いから娘を買い戻させたことが明らかになる。

その直後に、「馬三頭に薪を積んだ四人連れ、一人は女」を捜索中の敵山名方の武者たちと遭遇した一行は、馬三頭が娘ひとりに入れ替わっていたことから、一時的に見逃されるという幸運に恵まれる。この幸運を呼び込んだのは、雪姫が六郎太の反対を押し切り、娘を人買いから買い戻させたことばかりではなく、買い戻された娘が、「秋月へ帰れ」という再三の六郎太の言葉を無視し、頑なに荷車を押して一行についてきたことでもあった。二人の少女が、それぞれに六郎太の言葉に逆らい、自分の意志を押し通したことが、結局は一行を救うきっかけを作る。

そして、六郎太は少女たちに押し負け、その言葉と意志に従ったことを機に、より完全な「ヒーロー」への移行を果たす。いったん一行を見逃して通り過ぎて行った敵方の武者たちが、一行の荷車に積まれた軍用金を隠した薪の検分に戻ってきたとき、六郎太は一瞬のうちに二名を倒し、馬で逃げる二名を、馬上で両手に太刀を構えながら追跡し、追い抜きざまに斬り倒していくという、『隠し砦の三悪人』のみならず、三船敏郎のアクションスターとしてのキャリア全体の中でも際立って華麗なアクションを披露する。雪姫が沈黙を拒み、強引に六郎太に娘を人買いから救わせたことで、六郎太の「悪」に打ち勝った直後に、六郎太の「ヒーロー」としてのアクションが爆発的に解放されるという出来事の流れを、ここに見出すことができる。

雪姫が「姫の心まで唖にする気か！」と沈黙を拒んだ宿場町での出来事と、買い戻された娘が、その後も雪姫と行動を共にすることを選んだことは、許容しがたい「悪」としての「男性が自分の都合のために女性を財として使う取引」の連鎖が打ち破られるきっかけとなるが、最終的な「悪」に対する「善」の勝利は、ついに山名方に捕われた雪姫、六郎太、娘の三名が、敵陣にて田所兵衛の首実検を受ける場面で確立する。この場面では、牢の三本の柱の、左に娘、中央に雪姫、右に六郎太が座った姿勢で縛られ、その三者に画面右端に立つ田所兵衛が対峙する構図において、雪姫は、主演スター三船敏郎の役である六郎太を脇に置いて、常に中心を占めつづけ、一同にとっての道徳的指針となる言葉を発しつづける。先述したように、六郎太を責める田所兵衛の心得違いを諭した雪姫は、さらに、「姫は私です！」と叫んで身代わりを引き受けようとする傍らの娘に対し、「もうよい、志はありがたいが、ここまでじゃ」と声をかけ、正面を向いて「姫は潔く死にたい」と覚悟を述べる。その時、六郎太が、「姫、六郎太、申し訳もありませぬ。姫の身には耐えがたい、これまでの苦難」と、雪姫に向かって頭を垂れる。

雪姫に対する六郎太の謝罪が意味するところは、直接的には、身分卑しい「唖娘」に身をやつさせての危険な脱出行の甲斐もなく、姫を敵の手に渡してしまったことへの悔悟と受け取ることはできるだろう。しかし、娘が姫の身代わりを引き受けようとし、それを雪姫が断るやりとりは、六郎太が妹小冬を雪姫の身代わりとして敵に差し出し、それを事後に知らされた雪姫が六郎太を厳しく責めた、発端近くの出来事を想起させるものでもある。したがって、娘と雪姫のやりとりに続き、六郎太の「申し訳もありませぬ」という言葉が発されるという流れは、ここで六郎太が、過去に小冬を雪姫の身代わりにした自らの非を認め、謝罪に至ったという解釈可能性に対しても開かれている。

雪姫が強いられた沈黙を破り、「男性が自己都合のために女性を財として使う取引」の悪に打ち勝った後、田所兵衛が「将に将《しょう》たる器」としての姫の徳を認めて心服し、主君山名氏を裏切って味方に回ったことで、一行はついに同盟領への脱出を果たし、大団円を迎える。先述したように、『隠し砦の三悪人』の大団円では、太平と又七、田所兵衛と真壁六郎太の、本来は強い絆で結ばれながらも、争いを止められずにいた二組の男同士が、雪姫のなかだちによって和解し、円満な関係を確立する。『隠し砦の三悪人』が、「スワッシュバックラー」の典型的な結末としての「ならず者ヒーローと姫君の恋愛の成就」ではなく、「男同士の円満な結縁」をもって大団円に至ることは、必ずしもこの作品が「ホモソーシャル」性に支配されていることを意味しない。イヴ・コゾフスキー・セジウィックは、「ホモソーシャルな男同士の絆」は、男性たちが、異性愛の欲望の対象としての女性を贈与・交換し、もしくは競争して獲得するコミュニケーションによって支えられていると指摘した。それに対し、『隠し砦の三悪人』では、そうした「男性が自分の都合のために女性を財として使う取引」は、これまで見てきたように許容しがたい「悪」であり、そうした取引を拒絶する女性の道徳的な意志と行動が、最終的な勝利をおさめるプロセスが物語られる。

「スワッシュバックラー」、あるいはメロドラマの系譜に関連する映画においては、悪漢に沈黙を強いられるヒロインは、たいていは異性愛ロマンスの相手である男性のために沈黙を突破する。たとえば、先述した『ルパン三世　カリオストロの城』で、薬によって口をきけなくされたクラリスは、強いられた結婚から自分を救出するために駆けつけたヒーローのルパン三世が、無数の剣に貫かれる（と偽装した）光景を目の当たりにして、「おじさま！」と悲鳴をあげ、封じられた言葉を取り戻す。沈黙を強いられた女性は、もっぱら異性愛ロマンスの相手である男性の役に立つために、沈黙を破って言葉を発することができる、というのがメロドラマ的な約束事であるとすれば、それとは対照的に、『隠し砦の三悪人』の雪姫が「心まで唖にする気か」と沈黙を拒むのも、一行が山名方に捕われた際に、それまでほとんど言葉を発さなかった娘が「姫は私です！」と声をあげるのも、同性を受難から救うためである。

『隠し砦の三悪人』は、基本的には二組の男同士の絆のゆくえに焦点を置いて展開する。それに比べると、雪姫と娘の絆は、両者ともにごく言葉数が少ないこともあり、一見すると目立たない。ラストシーンに雪姫は登場しても娘は不在であることは、本作の主要な関心が、あくまでも二組の男同士の絆に集中していることを示してはいるだろう。しかし、本作における「悪」を構成する「女性の取引」の連鎖を断つのも、強いられた沈黙を破るのも、互いに相手を守り、助けようとする雪姫と娘の意志的な行動であり、女同士の絆の重要性もまた疑うべくもない。

黒澤明は、先述したように、二〇世紀には「女が描けない」、二一世紀には「ホモソーシャル」であると評されてきた。異性愛ロマンスの物語を回避する傾向も、もっぱら女性に対する関心の欠如あるいは女性嫌悪の表れとみなされてきた。しかし、ここまで見てきたように、『隠し砦の三悪人』から異性愛ロマンスの可能性が排除されていることは、必ずしも女性に対する無関心や嫌悪を意味しない。本作に登場する女性たちは、助け合いつつ「悪」に立ち向かう「善」なる力という、男性たちには欠けている資質を発揮する。男性たちにとって、女性たちの意志に屈することは、生命の危険にさらされているのみならず、道徳的にも行き詰まった状態から、自分自身が最終的に脱出するきっかけとなる。『隠し砦の三悪人』の大団円は、異性愛主義を回避しつつ、女性嫌悪とも一線を画した、いわば「浄化されたホモソーシャル」というべき境地を志向する。

黒澤明監督作品には、確実に「ホモソーシャル」性が備わっているとはいえる。しかし、その一方で、「ホモソーシャル」と異性愛主義を不可分一体として扱うことを避け、「ホモセクシュアル」な関係の可能性を排除しない傾向が、とりわけ時代劇映画作品では顕著となる。さらに、「ホモソーシャル」な体制において女性の被る抑圧や排除は、「女性を財として使う取引」をはじめ、明示的に「悪」として描写され、それに逆らう女性は、ただペナルティを逃れて生き延びるのみならず、能動的に「善」を遂行する力を認められもする。「ホモソーシャル」な男同士の関係に惹かれつつも、そこに孕まれる女性に対する嫌悪や排除を当然・自然としては受け容れず、それとは異なる、より互恵的な両性間・異性間の関係を求める試行錯誤が、『隠し砦の三悪人』をはじめとする黒澤作品には潜在している。

註

[1] 四方田犬彦『『七人の侍』と現代——黒澤明 再考』岩波新書、二〇一〇年、一一三—一一四頁。

[2] イヴ・K・セジウィック『男同士の絆——イギリス文学とホモソーシャルな欲望』上原早苗・亀澤美由紀訳、名古屋大学出版会、二〇〇一年、二頁。

[3] セジウィック、前掲書、六頁。

［4］ドナルド・リチー『黒澤明の映画』三木宮彦訳、社会思想社、一九九一年、二八〇頁。

［5］戦国時代から江戸時代初期にかけての武士社会における「男色」文化については、主に次を参照した。氏家幹人『武士道とエロス』講談社現代新書、一九九五年。

［6］黒澤明『黒澤明「七人の侍」創作ノート』文藝春秋、二〇一〇年、八七―八八頁。

［7］中村秀之は、菊千代と利吉は、いずれも侍と農民の「中間的存在」であるがゆえに「一種の分身」であり、「両者の間には図像的な相違を超えた相似と対照性がある」と指摘している。中村秀之『敗者の身ぶり――ポスト占領期の日本映画』岩波書店、二〇一四年、一四〇頁。

［8］リチー、前掲書、三七八頁。

［9］木村建哉「スワッシュバックラー映画としての『ルパン三世　カリオストロの城』――宮崎駿における古典的ハリウッド映画の伝統の影響」『成城美学美術史』第二〇号、二〇一四年三月、成城大学大学院文学研究科、四頁。

［10］木村、前掲論文、一二頁。

［11］増村保造「『隠し砦の三悪人』と黒沢明」『映画評論』一九五九年二月号、五四―五七頁。

［12］鷲谷花「黒澤明監督作品のリメイク・翻案における「男同士の絆」のゆくえ」北村匡平・志村三代子編『リメイク映画の創造力』水声社、二〇一七年、二〇五―二四二頁。

［13］増村保造「黒澤明論」『キネマ旬報』一九四九年一一月上旬号、キネマ旬報特別編集『黒澤明集成Ⅲ』キネマ旬報社、一九九三年、一八頁。

［14］四方田、前掲書、一一三頁。

［15］尾形敏朗『巨人と少年――黒澤明と女性たち』文藝春秋、一九九二年、一九八頁。

［16］増村保造「壮大にして悲壮な天才」『キネマ旬報』一九七四年五月下旬号、キネマ旬報特別編集『黒澤明集成改訂版』キネマ旬報社、二〇〇〇年、一二頁。

［17］尾形、前掲書、二〇七頁。

［18］リチー、前掲書、三八三頁。

［19］Steve Neale, *Genre and Hollywood*, Rutledge, 2000. 55.

［20］Peter Brooks, *The Melodramatic Imagination*, Yale University Press, 1995. 57.

［21］Lea Jacobs, "The Woman's Picture and the Poetics of Melodrama," *Camera Obscura*, No. 31, 1993. 121-147.

# Ⅲ　内田吐夢の「反戦」

戦前の日本映画の黄金時代の一翼を担う作り手として、一九三〇年代の日活多摩川撮影所で、『人生劇場』（一九三六年）、『裸の町』（一九三七年）、『限りなき前進』（一九三七年）、『土』（一九三九年）などを監督した内田吐夢は、一九四〇年代には活動の停滞期に至る。監督作品『歴史』三部作（一九四〇年）及び『鳥居強右衛門』（松竹、一九四二年）が、いずれも興行・批評両面で失敗した後、関東軍と満洲映画協会（満映）の協力を得て製作予定だった大作戦争映画『陸戦の華・戦車隊』の企画も頓挫した。一九四五年五月、内田吐夢は、連合軍の空襲によって焦土と化しつつあった日本内地を離れ、『陸戦の華・戦車隊』の製作中止の経緯について、関東軍及び満映に対して報告し謝罪するという名目で満洲に向かった。戦況が極度に悪化しつつあった時期に、なぜ家族を内地に残して満洲に渡らねばならなかったのか、内田吐夢本人も明確な理由を説明してはいない。

結局内田は日本敗戦の日を満洲で迎え、「満州国」の崩壊を目の当たりに見ることになる。内田吐夢の自伝『映画監督五十年』（三一書房、一九六八年）には、一九四五年の夏に満洲で目撃した人々の凄惨な苦しみが記されている。沖縄県人の夫は兵隊にとられ、病気の義父は家で寝たきりの生活の苦しさを訴える、幼い子どもを連れた朝鮮人女性。農村から強制的に動員され、針金で後ろ手に縛りあげられて、戦地に送られようとする聖炎隊員。そして、大日本帝国の無条件降伏を知って服毒自殺を試み、内田の「股倉の中で」絶命した満映理事長甘粕正彦。『映画監督五十年』の記述は総じて断片的で、前後の脈絡も定かではないが、それだけに、内田吐夢の満洲での敗戦体験のトラウマの深さが窺われもする。

大日本帝国の敗戦と「満洲国」崩壊後、内田は新中国における映画事業の建設に協力するために「留用」され、一九五三年まで中国大陸に留まった後に、日本に帰国した。帰国後の内田吐夢が、中国大陸での敗戦〜留用体験について多くを語らなかったことは、つとに指摘されているが、にもかかわらず、直接的には敗戦とも満洲とも関係のないはずの戦後の内田の監督作品に、満洲での敗戦体験のトラウマが顕現する瞬間が確実にある。たとえば、シラーの戯曲『ウィリアム・テル』を、幕末日本を舞台に翻案した『逆襲獄門砦』（東映、一九五六年）の、徳川幕府の滅亡の不可避を察しつつ、その権力を傲然と代行しつづける代官（月形龍之介）と、官軍を迎え撃つための砦の建設に強制動員される農民たちの描写は、崩壊する満洲において内田が目撃した「甘粕正彦」と「聖炎隊員」の記憶の産物でもあるのではないか。

内田吐夢の戦後の監督作品における「甘粕正彦」は、『逆襲獄門砦』あるいは『黒田騒動』（東映、一九五六年）の、実際には崩壊しつつある政権の権威権力を、なおも傲然と代行しつづける権力者として出現するばかりではない。常に唐突に出現し、生者の責任を無言で問いかける「自殺者」の存在にも、「甘粕正彦」の影を見出すことはできるだろう。

以降の各章では、高倉健と淡島千景という、それぞれ突出した個性をもつ俳優二名が、戦後の内田吐夢監督作品で演じた役柄の分析を通じて、一見すると大日本帝国の戦争とは関連のない作品においても、底流として存在し、「唐突な自殺者の出現」に類する出来事を機に顕現する、戦争と死者に対する責任の問いかけについて論じる。

# 第5章　悔恨の舟
## ——内田吐夢監督作品の高倉健

### 舟の上の高倉健

決闘に際して散弾銃で撃たれた顔の右半面が血に染まり、片目が痛々しく潰れた風森一太郎（高倉健）が、湖に小舟を進めてゆく。一太郎がふと舟を漕ぐ手を止めると、その視線の向から先の水がかすかに泡立ちはじめ、自分の姉ミツのかつての恋人だったが、ミツがアイヌである出自を苦にして棄てて去った、憎むべき和人の男の「先生オド」（加藤嘉）の死顔が、突然、水面を覆う落葉を分けて浮かびあがってくる。死せる先生オドをしばし凝視していた一太郎は、やがて遺体を舟上に引き上げ、横たえると、ふたたび舟を漕ぎはじめる。湖と周囲の山々の広がりに囲まれたただひとつだけの舟を小さな点として映し出す大ロングショットに、その後の一太郎の行方は知れなくなり、湖畔には誰のものともわからぬ墓が作られていたことを告げ、自分が身ごもった一太郎の子を、この地で育ててゆく決意を語る視点人物の佐伯雪子（香川京子）のナレーションが重なり、映画『森と湖のまつり』は終わる。

主演・高倉健と監督・内田吐夢の最初の顔合わせの機会となった東映東京撮影所の現代劇『森と湖のまつり』（一九五八年）のラストシーンは、武田泰淳の原作小説とはかなり異なっている。原作では、「アイヌ統一委員会」の戦闘的な活動家として、アイヌの権利と文化の擁護のために、強引な資金集めを続ける風森一太郎と、アイヌである出自を隠して和人として通してきた網元一家の長男が、従来の網元の商売からのアイヌ排除を撤廃するか否かをめぐって決闘する一方、それとは別の場所で、風森ミツへの贖罪の念に苛まれてきた人生を、入水自殺によって精算した「先生おど」の死体が発見される。自分を棄てたかつての恋人をすでに許している一太郎の姉ミツが、湖面にたゆたう「先生おど」の水死体を最初に発見し、一太郎ではなく別のアイヌ青年の漕ぐ小舟に乗せられた「先生おど」の遺体は、折しも菱の実（ベカンベ）の収穫を祝うベカンベ祭が執り行われている湖岸へと運び上げられる。

原作小説では、「先生おど」の遺体は、「……みじめとか哀れとかいう感じではなかった。殉死した聖者か、戦死した勇士のむくろのように、いかめしい所があった。乞食風の衣服や貧乏たらしい鬚、青白く垢づいた皮膚の色までが、湖の藻にからまれて、威厳ある飾りになっていた」と描写される。その遺体の到来をきっかけに、ベカンベ祭の場は、特別な祝祭感の高まりに満たされる。「まつりの場所が、思いもかけぬ葬いの式場とかわっても、あたりの気配や色どりがさして陰気に変化したわけではなかった。むしろ、てんでんバラバラの踊りでだれ切っていた祭場が、先生おどの屍を中心にして、一つにまとまった感じだった。湖の光りや林のみどり、草のそよぎまでが、精気をとりもどしたように見えたのである」[1]。

原作小説の「先生おど」の遺体が、聖性をおびた物体として出現し、かつて裏切った恋人ミツをはじめとするアイヌたちに迎え入れられて、高まる祝祭感の一部となるのとは対照的に、映画版の先生オドの遺体発見の場面には、「ホラー的」ともいえそうなおどろおどろしさが漂う。唐突に水面に蒼ざめた死顔が浮かびあがってくる瞬間のショックや、黒ずくめの一太郎の後ろ姿をなめて、細長い小舟に無理やり詰め込まれた遺体を正面から映すショットの不気味さには、晴れやかな祝祭感は一切ない。それぞれに悔恨を抱えた生者と自殺者が、もはや対話も交渉も不可能な状態で遭遇し、孤独な舟上の小さな空間を共有する映画版のラストシーンは、映画全編を通して、もっとも内田吐夢のオリジナリティが発揮された場面となっている。

一九五六年一月公開の『電光空手打ち』（津田不二夫監督）でデビューしてから三年足らずの一九五八年一一月に公開された『森と湖のまつり』は、高倉健の三三本目の出演作にあたる。東映東京撮影所のプログラム・ピクチャーへの出演が続いていた高倉健にとって、東映の監督たちの間でも「巨匠」格の内田吐夢が、当時ベストセラーとなっていた武田泰淳の文学作品を映画化した芸術祭参加作品『森と湖のまつり』は、初めてといってよい大作だった。高倉は、「芸術祭参加作品なんて初めての経験でしたし、大巨匠の作品で、しかも主演で、もしかするとこれはチャンスが回ってきたんじゃないかとは感じ、一生懸命やらなくてはと頑張るんですが、一方で、なんでこんなに毎日毎日怒られなくちゃならないのか、アタマにきていました」と、撮影当時を回想している。[2]

高倉健がスターとしての個性を本格的に確立したのは、『森と湖のまつり』からさらに数年後、一九六〇年代に入り、『花と嵐とギャング』（一九六一年）、『恋と太陽とギャング』（一九六二年）などの石井輝男監督作品に出演した頃からとされる。しかし、『森と湖のまつり』は、高倉健をトップスターの地位に押し上げた「網走番外地」シリーズ第一作（一九六五年、石井輝男監督）にはるかに先立って、北海道の広大な自然の中で高倉を駆けめぐらせ、他人とのやりとり・つきあいぶりのぎこちない固さと、いざ敵と闘争する段になったときの果敢で俊敏な動作のギャップを際立たせることで、その後の「スター・高倉健」の原型的なイメージをすでに作り出しているともいえる。

高倉健は、大学卒業後に、演技経験らしい経験を欠いたまま、ほとんど偶然に近い経緯で映画俳優となった。デビューに先立つ研修時は、「何もできず棒のように突っ立っていた」[3]「バレエの時間があり、みんなはタイツなんかはいてるのに、ぼくと今井〔俊二〕君は海水パンツ。まじめにやっても、みんなはぼくらの格好を見て笑うんです。日本舞踊もありましたが、やっているとすぐ浴衣の前がはだけてしまい、みんなが笑い出す。授業にならないからって、バレエと日本舞踊のときはぼくと今井君は見学でした」[4]という有様だったことを、高倉当人がたびたび語っている。研修期間中途で、学生時代にボクシングや相撲で鍛えた肉体を見込まれて『電光空手打ち』の主演に抜擢され、ただちに年一〇本以上の量産体制に放り込まれた高倉は、専門的な演技の訓練を充分に受けられなかったことに、長らく負い目を抱いていた。

専門的な俳優としてのスキルと「型」を完全に体得できていない状態で、スターの立場に祭り上げられた青年・高倉健に対し、『森と湖のまつり』の撮影時、内田吐夢は、罵倒し、あるいは禅問答のような難解な指示を出しながら何度もテストを重ね、高倉の本気の怒りや困惑の表情を引き出しては、カメラにおさめていったという。[5] こうした、演出家のみが明確に把握しているイメージがあり、そこに俳優を他律的に接近させるように、指示・説明ではなく、もっぱら罵倒や否定を通じて誘導する演出スタイルには、俳優側に過大な負担とストレスを強いる虐待的な面があったことは否定しがたい。一方で、アイヌ民族の生活を支える社会・経済・文化的基盤を奪われた状態で、なおも純粋な「アイヌ」として生きようと苦闘する映画版の風森一太郎は、多分に撮影当時の高倉健の「素」の上に築かれたキャラクターだったことも、また確かといえるだろう。

映画版『森と湖のまつり』の一太郎は、自分が「純血」であることの価値に固執する。しかし、最後の決闘の場面で、網元の息子猛（三國連太郎）が、一太郎が和人とアイヌの混血であるという、当人の知らない真実を暴露したことで、一太郎は「アイヌ」としてのアイデンティティの唯一の確かな拠りどころを失う。ラストシーンの一太郎の、血と散弾による傷に半面を覆われた顔は、拠りどころなきアイデンティティを端的に視覚化するものであり、その拠りどころなさは、いまだ専門的な俳優としての「型」を確立できないまま、内田吐夢の強圧的な演出に引き回されていた、当時の高倉健当人のものでもあっただろう。

「純粋なアイヌ」として生きることを強く希求しつつも、そのための拠りどころとなる「型」をもたない青年風森一太郎＝高倉健を、ラストシーンで内田吐夢は湖上をゆく舟に乗せた。これ以後も、内田吐夢作品の高倉健は、たびたび舟の上に身を置く。『宮本武蔵　二刀流開眼』（一九六三年）の佐々木小次郎は舟に乗って登場し、『飢餓海峡』（一九六五年）の味村刑事は、ラストシーンで、北海道へ向かう青函連絡船の船上から、先輩刑事の弓坂（伴淳三郎）と共に、海へ投身する犯人の樽見（三國連太郎）をなすすべもなく見送ることになる。

## 「自殺者」との出会い

『森と湖のまつり』において、湖上に舟を進める高倉健は、加藤嘉の演じる「自殺者」と遭遇する。この「水上の舟」と「自殺者」の主題は、『飢餓海峡』のラストシーンでも反復される。いずれも原作小説にある記述の映像化ではあるものの、「自殺者」もしくは「自殺死体」は、戦後の内田吐夢監督作品において執拗に回帰し続ける重要なモチーフでもある。たとえば、『暴れん坊街道』（一九五七年）のラストシーンにおける伊達与作（佐野周二）の切腹死体。『大菩薩峠』（一九五七年）の机竜之介（片岡千恵蔵）の眼前で海から引き上げられる男女の心中死体。あるいは、炭鉱を舞台とする現代劇『どたんば』で、落盤事故で坑道に閉じ込められた五人の労働者の救出が進まず、責任の重さに耐えかねて自殺を願った炭鉱社長（加藤嘉）が、妻（瀧花久子）の必死の説得で思いとどまった次の瞬間に響く、「坑夫長が首吊った！」という叫び声。その他にも多くの作品で、唐突な自殺死体の出現、不意打ちのような自殺の試みが反復される。内田吐夢が戦後に監督した長編劇場用映画全二四本のうち、半数を超す一三本に、「自殺」に関連する要素が含まれている。それらはしばしば原作にはないオリジナルの脚色要素であり、もしくは『森と湖のまつり』や『飢餓海峡』の場合のように、原作の記述とは異なるアレンジを加えられ、映画のクライマックスやラストシーンの重要な構成要素となる。

『森と湖のまつり』のラストシーンにみるように、戦後の内田吐夢監督作品における「自殺」とは、自殺者の抱いていた悔恨と、その自殺者に対峙する生者の抱く悔恨とが、もはや同じ平面で相交わることはかなわず、取り返しようもなくすれ違いつつ、重なりあう出来事として提示される。そして、内田吐夢は、そのような出来事を、映画の中のみならず、自分自身の現実の人生においても体験していた。自伝、他伝の語るところによれば、「骨の目玉の初年兵」と、そして満洲映画協会（満映）の上司だった甘粕正彦という、二人の「自殺者」に関わったことを、内田は生涯にわたって忘れられずにいた。

「骨の目玉の初年兵」とは、大正期、徴兵されて陸軍近衛歩兵第二連隊に所属していた内田吐夢が、盲腸炎で陸軍病院に入院した際に、同室になった初年兵のことを指す。この初年兵は、兵隊生活の辛さに省線に飛び込んで自殺を図り、負傷した左手首を切断された後、手術痕が化膿するたびにくり返し腕の切断手術を受けた結果、最後には「もう切るところがない」状態になっていた。病床の内田吐夢の視線と合う位置に、この初年兵の日々短くなってゆく腕の切断面が位置しており、露出した骨が目玉のように見えていたという[6]。

軍隊を除隊後、内田吐夢は映画撮影所に入り、やがて監督として頭角を現し、一九三〇年代には日活多摩川撮影所を拠点として、日本映画の戦前の黄金時代を代表する数々の名作を世に送り出した。しかし、戦時中に深刻な創作活動の停滞に陥った内田は、大日本帝国の敗戦が間近に迫っていた一九四五年五月、突如として満洲に向かった。満洲映画協会（満映）の参与の肩書を得て、満映の一員として敗戦の日を迎えた内田は、敗戦間もない八月二〇日には、満映理事長だった甘粕正彦の服毒自殺の現場に立ち会うことになる。断末魔にある甘粕を甦生《そせい》させるべく、内田は食塩を口に流し込み、その体の上に馬乗りになって胃の内容物を吐かせようとしたが、その甲斐なく甘粕は絶命した。内田はこの出来事の回想を、自伝中では、「人間が自分の股倉の中で死んでいくのは決していい気持ちのものではなかった」[7]と、素気なく切り上げている。

日本敗戦と「満洲国」崩壊後、新たに中国東北部を掌握した中国共産党側勢力による「留用」に応じた元満映社員のひとりとして、内田吐夢も中国大陸に残った。しかし、「留用」の当初の目的は、新中国の映画事業の建設に協力することだったはずが、一九四七年初頭に、内田は「精簡」と称された人員選抜の対象となり、黒龍江省の炭鉱での苛酷な肉体労働に動員された。四九年に内田は健康を害して、満映の機材・人材を引き継いだ東北電影製片廠のある長春に移り、元満映の編集者で、東北電影でも編集を担当し、編集技術の指導も行っていた岸富美子と協同して、中国側の若手映画人を相手にモンタージュ理論の講義を行った。

一九五三年一〇月に、最後まで中国に残留していた他の元満映関係者たちと共に、内田は約八年ぶりの日本帰国を果たした。帰国後に『中央公論』一九五四年二月号に掲載された帰国映画人の座談会「私たちは新中国で映画をつくってきた」では、監督の木村荘十二や、美術の勢満雄、撮影の福島宏といった、他の元満映の参加者が比較的多弁であるのに対し、内田吐夢は総じて言葉数が少ない。しかし、勢満雄が、「ある日本人の機械技師が設計したモーター・ファンの、羽根が切れ飛んで、工人〔スタッフ〕の片腕を切り取ってしまった事があった」と発言したのに対し、内田はそれまでしばらく続けていた沈黙を破り、「そのモーター・ファンで片腕を失った人と私は療養所で一緒になりました。しかも私の隣のベッドに寝ていたのです。ずい分不自由をしているようでしたが、どうして片腕を失ったかというような事については一言も話しませんでした。大道具だったその人は非常に人格者でもあったわけですが、そこに私は、新しい中国人の本当の姿を見出したような気がしたのです」と語る[8]。事故で片腕を失った中国人の大道具係と、療養所のベッドで隣り合わせた体験は、当然、内田に「骨の目玉の初年兵」を想起させずにはおかなかっただろう。

第三次東宝争議とレッドパージの余波のさめやらぬ当時の日本映画界では、「中国帰り」の映画人が活動の場を得ることは困難だったが、マキノ光雄、坪井与などの旧満映幹部が中心となって設立され、他社でパージされた左翼映画人を多く受け入れていた東映は、内田吐夢の復帰を支援した。一九五五年に帰国第一作の東映京都撮影所作品『血槍富士』を完成させ、好評を得たことで、翌五六年に東映との専属契約を結んだ内田は、以後、一〇年近くに渡り、東映の東京・京都両撮影所を拠点に活動を続ける。そして、内田吐夢の監督する東映作品には、自殺者、自殺死体、もしくは「骨の目玉の初年兵」と「甘粕正彦」の影が、たえずつきまとう。

## 「子ども殺し」と悔恨の舟

戦後の内田吐夢の創作活動が、「骨の目玉の初年兵」と「甘粕正彦」に憑かれていたことは、たとえば、脚本家鈴木尚之が伝える、中村錦之助主演の「宮本武蔵」五部作のシナリオ執筆時の以下のエピソードからも窺い知ることができる。

またときには「武蔵」と関係なく、吐夢は脳裏に浮かんだ幾つかのシーンをカードに写しとり、いろいろと配列を組み直してみせるのだった。

「映画というものはおもしろいものだ。このように並べ方ひとつで意味も出てくるし、まったく逆の意味になってしまうこともある」

といって、「初年兵」と書いたカードをまず卓上に示した。「初年兵」とは、いつか吐夢が語った近衛兵時代の「骨の目玉の初年兵」にちがいなかった。

「そしてこのつぎに「甘粕」のカードをかさね、さらに「日本敗戦」と並べてゆくと、おのずと意味が生じてくる。そうはおもわんかね？」

私はハッとした。三枚のカードのなかにまさしく軍国時代の昭和史が凝縮されていたからであった。[9]

鈴木は「「武蔵」と関係なく」と述べてはいるものの、「宮本武蔵」五部作に「甘粕正彦」の影を見出すことはおそらく可能である。そして、その「甘粕正彦」は、「自殺者、自殺死体」としてではなく、「子ども殺し」として出現する。

「宮本武蔵」シリーズの第四作『一乗寺の決斗』のクライマックスでは、当主の吉岡清十郎（江原真二郎）とその弟伝七郎（平幹二朗）を武蔵（中村錦之助）に倒され、京都の名門の威信を賭けて、なりふり構わず武蔵を打倒せんとする吉岡一門の門弟七三人と、武蔵たったひとりによる、シリーズ屈指の大がかりな剣戟場面が展開される。

宮本武蔵と吉岡一門数十人の決闘は、この『一乗寺の決斗』に限らず、講談、大衆時代小説、時代劇映画、演劇でくり返し物語られ、演じられてきたとりわけポピュラーな名場面であり、当主を倒された吉岡一門が、清十郎・伝七郎兄弟の親戚（または息子）の幼い少年を名目人に立て、武蔵に決闘を挑むが、決闘の場に現れた武蔵は、少年を真っ先に斬り捨て、動揺した門人たちを次々に倒してゆくという基本的な筋立てが共有されてきた。吉川英治版『宮本武蔵』では、吉岡一門の名目人として立てられる少年は、清十郎・伝七郎兄弟の叔父にあたる壬生源左衛門の息子源次郎とされ、年頃は「一三、四歳」と記述される。吉川英治『宮本武蔵　風の巻』に基づく『一乗寺の決斗』でも、名目人として決闘の場に連れられてきて、刀剣弓槍のみならず鉄砲で武装した門弟たちに囲まれ、下り松の根元にいる幼い壬生源次郎を、背後の山から駆け下りてきた武蔵が一刀のもとに倒す、という出来事の流れそのものは、基本的には原作に忠実に映像化している。

しかし、映画版では、武蔵の「子ども殺し」のおぞましさを際立たせる演出が随所に加えられる。決闘の席で武蔵を待つ壬生源次郎（西本雄司）は、五月人形のように飾り立てられ、原作の「一三、四歳」よりもさらに幼い「子ども」に見える。その幼い「子ども」が、「こわい！」と怯えて父親の源左衛門（山形勲）にしがみつき、父が息子に覆いかぶさるように抱きしめ、自ら盾となろうと武蔵に背を向けた瞬間、武蔵は「子どもよ、許せ！」と叫び、源左衛門の背を刀で刺し貫いて、抱かれていた源次郎ごと刺し殺す。

一九二三年九月一六日、関東大震災直後の混乱のさなか、当時憲兵大尉だった甘粕正彦は、アナーキストの大杉栄・伊藤野枝夫妻と共に、大杉の七歳の甥橘宗一を殺害した（とされる）「甘粕事件」の主犯として、軍法会議で有罪を宣告されている。戦後の内田吐夢監督作品に繰り返し回帰する「甘粕正彦」の影を鑑みれば、怯える幼い男の子と、抱いて身をもってかばおうとするその父親を、もろともに情け容赦なく殺戮する内田吐夢版の宮本武蔵にも、同じ「子ども殺し」である甘粕正彦の影を見ないわけにはいかないだろう。

『宮本武蔵　一乗寺の決斗』の結末で武蔵が負った「子ども殺し」のトラウマは、続くシリーズ最終作『宮本武蔵　巌流島の決斗』を通じて武蔵にのしかかり続ける。そして、クライマックスの巌流島で武蔵と決闘する佐々木小次郎（高倉健）は、第四作の幼い壬生源次郎と重なり合う、「殺される子ども」のイメージを引き受けることになる。

多くの「宮本武蔵」物語において、武蔵の最強のライヴァルとして登場する佐々木小次郎は、それぞれの映画版において、かなり異なるイメージとキャラクターを与えられてきた。吉川英治『宮本武蔵』を原作とする最初の映画シリーズである稲垣浩監督版（日活、一九四〇〜四二年）の片岡千恵蔵の武蔵と月形龍之介の小次郎、菊池寛『剣聖武蔵伝』を原作とする溝口健二監督・前進座出演の『宮本武蔵』（松竹、一九四四年）の河原崎長十郎の武蔵と中村翫右ヱ門の小次郎、マキノ雅弘監督・新国劇出演による『武蔵と小次郎』（松竹、一九五二年）の辰巳柳太郎の武蔵と島田正吾の小次郎のように、一般的には、宮本武蔵と佐々木小次郎には、実力も年齢も比較的釣り合った、同格のスターが配役される。それに対して、内田吐夢監督版の『宮本武蔵』では、むしろ武蔵と小次郎の世代差が強調される。それぞれの役を演じた中村錦之助（一九三二年生まれ）と高倉健（一九三一年生まれ）は実際には同世代だが、映画の中では、関ヶ原の合戦で豊臣方の足軽として戦い、九死に一生を得た武蔵は「戦中派」世代、そして小次郎は、敗戦後の日本で「アプレ」と称された、戦争を知らない戦後派世代として色分けられる。

吉川英治の原作小説の佐々木小次郎は、華やかな衣装を身にまとった前髪立ちの美少年であり、しばしば若さゆえの大人げない驕りを発揮する人物として描写される。内田吐夢監督による映画版の高倉健も、原作の佐々木小次郎の少年性を引き継いでいるが、映画版の小次郎の場合、いかなる場、いかなる集団にも適合できずに浮き上がってしまう「場違いさ」の印象が随所で際立つ。シリーズ第三作『宮本武蔵　二刀流開眼』（一九六三年）で最初に登場するとき、小次郎は、白絹の小袖に緋色に染めた裾の袖無し羽織を重ね、前髪の総髪を緋の糸でくくり、腰の大小に加えて背に三尺の長刀を背負い、原作の記述と同様の派手派手しい衣装を身にまとい、四国から京へと向かう便船の舳に立ち、アニメーションの合成によって作られた白い海鳥の飛翔を眺めている。典型的な優男《やさおとこ》というよりは、むしろ無骨で硬質なタイプの高倉健に、「前髪立ちの美少年」風のいでたちが似合うとは言いがたく、時代劇の所作や着こなしの「型」が身についていないこと、周囲から飛びぬけた長身も相まって、他の船客たちの間にあっての浮き上がりぶりは、実写の空を舞うアニメーション製の白い海鳥と同様に甚だしい。高倉健の佐々木小次郎は、『森と湖のまつり』で演じた風森一太郎と同じように、確かな「型」や「場」へと帰属できないまま、何者かになることを希求している若者であり、また、同じく水上をゆく舟の上に身を置いてもいる。

高倉健の佐々木小次郎の、周囲から浮き上がった場違いな存在感は、『巌流島の決斗』に至るまで払拭されない。シリーズ最終作に至って、大藩細川家の指南役に就任し、安定した「場」への帰属を勝ち得たかに見える小次郎だが、主君細川忠利を演じる里見浩太朗、その家臣長岡佐渡を演じる片岡千恵蔵以下、東映京都撮影所の時代劇スターたちが居並ぶ細川家の家中に身を置きつつ、かれらの体現する確固たる「型」には馴染むことができない。細川忠利の前に伺候《しこう》した小次郎が、家中の槍の達人岡谷五郎次（有川正治）との試合に挑む場面において、それはとりわけ顕著となる。物語上、ここは小次郎が天才的な剣の技量を証明する見世場となるはずが、実際には、小次郎を演じる高倉健は、大半のショットではカメラに背を向けて撮られ、座る、立ち上がる、木剣を構える、といった必要最小限のアクションしか映し出されない。正面から映し出される機会が多いのは、岡谷五郎次を演じる有川正治の方であり、撮影所のスター俳優が端役を相手に演じるアクション場面としては、異例のカメラワークが選択される。

岡谷五郎次を演じる有川正治は、脇役・絡み手専門のいわゆる「大部屋俳優」のひとりだが、東映京都撮影所の時代劇映画の量産体制の中で絡み手を演じ続けることで鍛えられた鮮やかな所作を、この試合場面では余すところなく披露する。それぞれ槍と木剣を構えて対峙する岡谷と小次郎を真横から映すロングショットでは、ほとんど動かない小次郎に対し、岡谷は、すばやく足ずりして後ずさり、一瞬のうちに草履《ぞうり》を蹴り捨て、右の肩衣を外し、槍を構える流れるような仕草によって観客の目を惹きつける。両者がいよいよ刀槍をまじえる段になると、カメラはまず小次郎の後姿を画面左端に置いて、槍を構える岡谷を正面から映し出し、そこから、小次郎の脇に回り込んで突きかかろうとする岡谷の足もとにパンダウンして、白砂の上を激しく動き回る岡谷の足さばきをクロースアップで撮り続ける。すばやく前進し、やや乱れた足どりで大幅に後退し、ふたたび前進してたたらを踏む岡谷の足の動きが、勝負が彼の側に不利に展開しつつあることを伝えた後、槍を構える岡谷の上半身が構図の中心を占め、必死に小次郎に突きかかってはかわされて、せっぱ詰まった表情になってゆく岡谷の顔が映し出される。木剣を振り上げ、振り下ろす小次郎の一瞬だけのバストショットに続き、よろめきつつ後ずさり、完全に体勢を崩して片膝をつく岡谷の動作をもって、小次郎の勝利が明示される。

つまり、この試合場面においては、大半のショットにおいて佐々木小次郎をフレームの中央から外し、もっぱら岡谷五郎次のアクションを中心に見せることで、前者の勝利、後者の敗北が明示される。観客が見ているものは高倉健の「勝つ芝居」ではなく、有川正治の「負ける芝居」なのだ。物語の上で圧倒的な勝利をおさめるのは佐々木小次郎だが、カメラの前では、熟練した絡み手として動き回る有川正治の見事な所作が、そうした「時代劇の型」をいまだに体得するには至っていない高倉健を、圧倒しているといってよい。

ともかく細川家の指南役となった佐々木小次郎は、天下一の剣豪の座を決するべく、宮本武蔵に果たし状を送り、両者は豊前小倉の巌流島（船島）で決闘することになる。巌流島の決闘場面の、総髪を解いて鉢巻きを締め、織り模様の入った白絹の小袖に、金糸銀糸の縫い取りのある真っ赤な袖無し羽織を重ね、摺り箔の華やかな袴《はかま》を穿いた小次郎のいでたちは、原作の描写に準拠したものではあるが、カラーのシネマスコープ画面の中では、いつにも増して周囲から浮き上がって見える。ここで場違いな派手な衣装で着飾り、床几《しょうぎ》に腰かけて武蔵を待つ小次郎の姿には、第四作の幼い壬生源七郎が、やはり金糸銀糸に彩られた華やかな衣装で、五月人形のように飾り立てられ、同じように床几に座って武蔵を待っていた姿も重なりあう。決闘の約束の刻限にだいぶ遅れ、小舟で巌流島に登場する武蔵は、黒い小袖に裾を黒く染めた茶の袴を穿き、無地の藍色の帯を締める地味ないでたちで、小次郎の五月人形めいた姿との強烈なコントラストが演出される。

小次郎と武蔵は決闘を開始するが、有川正治を相手にすでになすすべもなかった高倉健と、幼い頃から歌舞伎役者として稽古を重ね、磨きぬかれた「時代劇の型」を身につけた東映時代劇最大のスター中村錦之助との間に、互角の剣戟の勝負が成立するはずもない。クライマックスの船島での武蔵と小次郎の対決は、第四作での吉岡一門との決闘における壬生源七郎・源左衛門父子殺害とさして変わらないあっけなさで、武蔵の勝利に終わる。対峙し、「小次郎、負けたり！勝つ身であればなんで鞘を投げ捨てん」「たわ言を！」というやりとりを交わす両者が交互にクローズアップされた後、二人の決闘は開始され、カメラは先の小次郎と岡谷五郎次との試合の場面と同様に、小次郎の背後に回って武蔵を正面から映し出す。重たげな櫂削りの木剣を掲げつつ、波打ち際の砂の上を裸足で横走りする武蔵＝中村錦之助の見事な足さばきに、観客の視線が吸いつけられたところで、武蔵は小次郎との距離を詰めて木剣を振り上げ、一瞬のうちに勝負は決する。映画の中で死を迎える高倉健は、しばしば無心とも無垢ともいえる透明な表情で、目を見開いたまま息絶えるが、最後にクロースアップされる小次郎も、それと同様に、苦痛でも悔しさでもなく、いったい何が起きたのか理解できていないような、あどけないともいえる表情を浮かべ、目をあいたまま崩れ落ちる。

倒れた小次郎の絶息を確認した武蔵は、すばやく波打ち際を横走りして小舟に乗り込み、船島を後にする。波に揺られる小舟の上で、手を染めた血を見つめる武蔵の主観的回想として、死の瞬間の小次郎のクロースアップがふたたび挿入され、続いてシリーズ第四作の壬生源七郎・源左衛門父子殺害の瞬間がフラッシュバックする。ここでの武蔵と小次郎の対決は、「同格の剣豪同士の対決」というよりは、一乗寺下り松の吉岡一門との決闘における「子ども殺し」のトラウマの反復として、まだ何者にもなることができていない拠りどころなき若者が、かつてはそのような若者だったが、今は「剣豪」としての「型」を築きあげた男によって、無惨に殺害される光景として見せられる。

舟上の武蔵のフラッシュバックの回想により、小次郎の死と、壬生源七郎に対する「子ども殺し」との繋がりが示唆された後、さらにシリーズ第二作での野武士たちとの戦い、第一作で「青春二十一……、遅くはない！」と、武蔵が剣に生きる道を選んだ瞬間がフラッシュバックされる。

その一〇年後の「現在」の時間に戻った武蔵は、「所詮、剣は武器か」と呟き、手にしていた木剣を海に投げ棄てる。海上をゆく小舟を映す俯瞰の大ロングショットに、やがて「終」のエンドマークが重なり、「宮本武蔵」全五部作は完結する。

日中戦争のさなかの一九三九年に連載完結した吉川英治の原作小説に対し、内田吐夢監督による映画版は、結末に至って、下の世代の若者を犠牲にして生き延びた「戦中派」の悔恨、そして武器を放棄する決断という、敗戦後の時代劇映画としての「現代性」に到達する。「宮本武蔵」五部作で高倉健の演じた佐々木小次郎に対する評価は、賛否両論に分かれてきたといってよい。しかし、小次郎の未熟さ、他から浮き上がった場違いなイメージこそが、「子ども殺し」の罪責感、投げ棄てられる武器、悔恨の場としての舟、という映画版独自の結論を導き出す。

演出家・内田吐夢と俳優・高倉健の映画制作現場での関係は、対等で健全なものとは到底いいがたく、ハラスメントあるいは虐待的な様相を呈していたことについては、複数の証言が存在している。たとえば、『森と湖のまつり』、「宮本武蔵」五部作、『飢餓海峡』で高倉と共演した三國連太郎は、高倉に対する内田の演技指導について、「それにしても残酷ないじめ方だった」「『武蔵』の小次郎のときもやられてましたからね。健さんは、いい印象はないんじゃないかなぁ。本当にいじめられっぱなし（笑）」と回想している。[10] こうした非対称的な権力関係に基づく演出それ自体を肯定、称賛することはもはや不可能だが、内田吐夢監督作品の世界において、高倉健の演じた人物が、他をもって替え難いユニークな存在感を発揮していたことも、また否定しがたい。そこでの高倉健は、決して確かな拠りどころをもつことができず、いまだ何者にもなれていない若者でありつづけたが、その「何者にもなれなさ」は、敗戦に至る日本の近代史において、何者にもなれないまま葬り去られていった、「骨の目玉の初年兵」のような人々の記憶をめぐる悔恨と罪責の念を、作品に刻みつける力ともなっていた。

## 註

［１］武田泰淳『森と湖のまつり』新潮社、一九五八年、三九八―四〇〇頁。

［２］松島利行『風雲映画城　上』講談社、一九九二年、六四―六五頁。

［３］高倉健『想――俳優生活五〇年』集英社、二〇〇六年、五六頁
［４］松島、前掲書、六二頁。

［５］高倉健「出会いの頃」吐夢地蔵有志会出版実行委員会編『吐夢がゆく』六甲出版、一九八六年、九八―一〇〇頁。

［６］「骨の目玉の初年兵」については次を参照した。内田吐夢『映画監督五十年』三一書房、一九六八年、三一一―三四頁。

［７］内田、前掲書、一七一頁。

［８］内田吐夢・木村壮十二・菊池周子・岸富美子・勢満雄・高島小二郎・福島宏・岩崎旭（司会）「座談会　私たちは新中国で映画をつくってきた」『中央公論』一九五四年二月号、一三三―一四八頁。

［９］鈴木尚之『私説 内田吐夢伝』岩波現代文庫、二〇〇〇年、三二五―三二六頁。

［10］三國連太郎「対談・「宮本武蔵」と「飢餓海峡」の周辺」前掲『吐夢がゆく』、一三六頁。

# 第６章　淡島千景のまなざし
## ――「反・時代劇映画」的ヒロインの「フェミニズム」

### 二階の窓辺の女

大門をなめる俯瞰のロングショットが、嶋原遊郭の賑わいを捉える。長刀「物干竿」を肩にした佐々木小次郎（島田正吾）が、大門をくぐり、見世を冷やかす風情でそぞろ歩いてゆく。小次郎はふと足を止め、頭上を見上げる。仰角のカメラが、立兵庫髷を結って「心」の字の帯を胸高に締め、置屋の二階の窓から通りを見下ろすひとりの艶やかな遊女を捉える。遊女は心もち背を反らすようにして、ちらりと視線をカメラ～小次郎に投げかけると、唇に笑みを浮かべ、踵を返して窓辺を去る。マキノ雅弘監督『武蔵と小次郎』（松竹、一九五二年）で淡島千景の演じた八雲太夫は、このように「二階の窓辺に立つ女」として画面に登場する。

淡島千景は、戦時中から占領期にかけて宝塚歌劇団で活躍した後に、一九五〇年に松竹と専属契約を結び、同年公開の『てんやわんや』（渋谷実監督）で、気弱な主人公（佐野周二）に積極的に求愛し翻弄する破天荒なヒロインを演じて、鮮烈な映画デビューを果たした。宝塚歌劇団きっての演技力を認められた主演娘役スターとしてのキャリアを経て、二六歳で映画界入りした淡島は、デビュー当初から、年齢と貫禄の両面において、「初々しい未婚の娘」であるヒロインを演じるのにはそぐわない存在として遇された。獅子文六原作の『てんやわんや』や『自由学校』（渋谷実監督、一九五一年）で演じた、敗戦以前の社会における「女らしさ」の制約に逆らい、気の向くままに大胆に行動する戦後派の「アプレ娘」が、初期の淡島の当たり役となったが、一方で淡島は、『命美わし』（大庭秀雄監督、一九五一年）の幼い息子の死に絶望して自殺を図る未亡人や、『善魔』（木下恵介監督、一九五一年）の意に染まない結婚生活からの脱出を試みる人妻など、よりシリアスな雰囲気の大人の女性の役を演じてもいる。

松竹京都撮影所の時代劇映画への初出演となった『丹下左膳』（松田定次監督、一九五二年）で、淡島千景は、阪東妻三郎の丹下左膳を相手に、櫛巻お藤役を演じた。「丹下左膳」の櫛巻お藤は、時代劇の代表的な「ヴァンプ」役のひとつではあるが、『丹下左膳』の淡島は、阪東妻三郎の左膳をすりこぎ片手に「失業浪人！」とどやしつけるなど、大船撮影所の現代劇の「アプレ娘」のイメージを、いまだに色濃く残していた。淡島千景が本格的な「時代劇の女」への変身を遂げる契機となった作品は、時代劇としては出演二作目にあたる『武蔵と小次郎』だったといえる。日本映画産業の草創期の一九一〇年代から子役として映画に出演し、時代劇映画の演技の型を熟知していたマキノ雅弘から、淡島は多くを教わったことを、後にインタビューで語っている[1]。

『武蔵と小次郎』の八雲太夫役について、淡島千景は、「〔『宮本武蔵』の武蔵の恋人役の〕お通やなんかが出てくるのが本筋ですもんね。〔中略〕でもそっちじゃなくて、遊女の役になったのは、やっぱり私の歳がいってたからでしょ」と語る。[2]松竹大船撮影所の現代劇映画の場合と同様に、京都撮影所の時代劇映画でも、うら若い「娘・姫」役を演じるには、淡島の年齢と貫禄はそぐわないとみなされたということになるが、一方で、『てんやわんや』以来の気ままな「アプレ娘」のイメージは、慎ましく家を守る「妻・女房」にも収まりきらないものだった。『武蔵と小次郎』の八雲太夫は、遊郭の二階に立って通りすがりの男の視線を捉え、登楼を誘って性的なサービスを提供する「遊女」ではあるが、しかし、「遊女」としての立場のみに拘束されない自由な女でもある。馴染みになった佐々木小次郎に真剣に「惚れる」やいなや、八雲太夫は遊郭の外へと自由に出歩き、[3]小次郎と宮本武蔵との対決に積極的に介入してゆく。剣による出世を貪欲に追い求める小次郎は、吉岡一門との決闘で負った重傷から回復していない武蔵に、あえて果たし合いを挑もうとする。しかし、八雲は小次郎が「卑怯者」の汚名を被ることを嫌い、武蔵の療養する寺を密かに訪れ、「私は小次郎の妻」と名乗って、果し合いを避けて京を逃れるように武蔵を説得する。

八雲は「遊女」から「小次郎の妻」への自発的な越境を試みるが、小次郎が妻として真に望む相手は、小倉藩細川家への仕官を斡旋してくれた小倉藩士岩間の心を病んだ娘照世（淡島千景・ひとり二役）であり、照世の身替りの遊び相手にすぎない八雲が「妻」を名乗ることは、小次郎当人の意志に沿うものではない。しかも、「小次郎の妻」を名乗りつつ八雲がなした行為は、武蔵との決闘に勝利して剣名を上げ、さらなる栄達を果たすという小次郎の野心を、決定的に挫折させるものでもある。

小次郎は武蔵を逃がした八雲を許さず、斬り殺そうとする。監督マキノ雅弘によると、「淡島さんに私はたいへん無理だと思う芝居を書き込んで、彼女と一騎打ちする気になった」[4]という二人の対決場面は、太刀をかざして迫る小次郎から、八雲が必死に身をかわして狭い室内を逃げ回り、小次郎の腰の短刀を抜いて自害するまでを、ほぼワンショット・ロングテイクの移動撮影で捉える。撮影現場では、マキノ自身が移動車を押し、逃げ惑う淡島をキャメラで追っていたというが、ここでは、女性の激しいアクションがしばしば構図の中心を占めるという、基本的には男性スターのアクションを中心に見せる時代劇の「剣戟場面」としては、異例の事態が起こっている。結局、この男女の「剣戟」に勝利するのは、「あなたに斬られるのは嫌です。私が死にます」と叫び、小次郎の腰から短刀を奪って、その望みを自分自身の手で成就させる八雲の方なのだ。

マキノ雅弘は、『武蔵と小次郎』において、「宮本武蔵」ものの定番である吉川英治版とは異なる、「色気のある私のオリジナル作品」を志向し、そのために、淡島千景の起用に「賭けてみるつもりだった」と述べている。[5]『武蔵と小次郎』の「色気のある」オリジナリティとは、宮本武蔵と佐々木小次郎の対決物語の根幹にある「修練・対決・勝利」という男性的なプロットを、「惚れる」欲望の論理をもって攪乱したうえに、男性の剣豪である小次郎に対してある意味での「勝利」をおさめてしまう、淡島千景演じる八雲太夫の存在に拠るところも大きかった。

『武蔵と小次郎』以降、淡島千景は、大ヒットした『花の生涯』（大曾根辰夫監督、一九五三年）、松竹初のカラー時代劇映画『修禅寺物語』（中村登監督、一九五五年）、「大奥もの」の原点となった『絵島生島』（大庭秀雄監督、一九五五年）など、時代劇映画の大作にたて続けに重要な役で出演し、最大のスターだった阪東妻三郎が一九五三年に急死した後の松竹時代劇映画を支えて活躍した。一九五六年に松竹との専属契約を終了し、フリーになって以降も、淡島は、各映画会社の京都撮影所の時代劇映画（及びそのヴァリエーションとしての明治もの）への主演級での出演を続けた。これらの過去の歴史的時代を舞台とする映画群で、淡島は、『武蔵と小次郎』の八雲太夫以来の、「二階の窓辺の女」のイメージをくり返し再演した。

たとえば、『花の生涯』は、廓の二階の窓辺から外を眺めていた村山たか女が、後に愛人となり、大老井伊直弼の政権を共に支える同志ともなる長野主膳（高田浩吉）を見初《みそ》める場面から始まる。あるいは『絵島生島』の大奥女中絵島は、山村座の二階の桟敷席から、舞台上に横たわる花形役者の生島新五郎（市川海老蔵）へと熱い視線を注ぐ。『日本橋』（市川崑監督、大映、一九五五年）の稲葉屋お孝は、狂気に憑かれて二階に引きこもり、窓辺に立って恋する葛木晋三（品川隆二）の面影を虚空に追う。独立プロ作品『にごりゑ』（今井正監督、一九五三年）第三話の酌婦お力が、客の結城朝之助（山村聰）を誘って立った窓辺で、窓下の路上にかつての馴染み客源七（宮口精二）の幼い息子の姿を見つけ、ふと過去の暗い記憶を想起するのも、やはり二階での出来事だった。マキノ雅弘監督作品としては三本目の出演作となった東映京都作品『江戸っ子肌』（マキノ雅弘監督、一九六一年）の江戸っ子芸者小いなは、酔った勢いにまかせて、二階の窓辺で加賀鳶の吉五郎（大川橋蔵）を口説く。

時代劇の「二階の窓辺の女」といえば、長谷川伸『一本刀土俵入』の、貧窮の極みにある相撲取り駒形茂兵衛を二階の窓から見とがめて声をかけ、茂兵衛の身の上話を聞いて同情し、自分の櫛・簪《かんざし》・巾着をしごきに結わえて窓から吊り降ろし、飢えから救ってやろうとする酌婦お蔦がまず想起される。昼日中《ひるひなか》から茶屋旅篭の二階で手酌を傾けているお蔦がそうであったように、多くの場合、「二階の窓辺の女」たちは、台所のある一階で家事労働に従事するか、もしくは座敷の「奥」にいて、家の外部からの人目に自分の姿をさらすことを慎む「女房」あるいは「娘」ではなく、「商売女」である。したがって、二階の窓辺に立ち、下を通りかかる男たちの関心を引こうとする彼女たちの身振りには、エロティックな「商品」としての自己の身体を効果的に見せる意味もある。

しかし、「二階の窓辺の女」としての淡島千景は、たんに下から彼女を見上げる男たちの視線~欲望に奉仕する、エロティックな見世物~性的商品であるばかりではない。『てんやわんや』『自由学校』で淡島の演じた「アプレ娘」は、しばしば階段や丘の斜面の上方に立ち、下方に位置する相手役の佐野周二や佐田啓二を見下ろすことで、相手との関係における主導権を獲得し、自分の思い通りに引っ張り回そうとしていた。時代劇映画でも、二階から男を見下ろす淡島の視線には、常に能動的な意志と欲望が宿っている。

時代劇~明治ものの「二階の女」としての淡島千景の意志と欲望は、もっぱら二階から「降り」、一階にあるはずの「妻・女房」の座を獲得しようとする大胆な行動に至る。『武蔵と小次郎』の八雲太夫も、『日本橋』の稲葉屋お孝も、『にごりゑ』のお力も、『江戸っ子肌』の小いなも、いずれも自分の選んだ只ひとりの男と結ばれ、「妻・女房」となることを切望する女たちだった。『絵島生島』の絵島は、「商売女」とは異なる高貴な身分の大奥女中であり、二階の桟敷席から見下ろす彼女と、舞台上に横たわる生島の間の高低の差は、両者の間の越えがたい身分の隔てを意味してもいたが、その絵島にしても、やがて生島との恋を成就させるべく高所の座から降り、同じ平面上で生島と抱擁を交わそうとする。

「娘」「妻」「母」と、「商売女」との間に越えてはならない一線を引き、厳格な身分の差を設けつつ、いずれの立場の女性に対しても、父であり夫であり客である男性への従属を強いるのが、封建的な家父長制社会のルールである。そのルールの支配下では、本来の居場所であるはずの「二階」から、自らの欲望のままに勝手に脱け出し、「一階」にある「妻・女房」の座へと越境しようとする「二階の女」のふるまいは、基本的には許容されることがない。『花の生涯』の村山たか女と『絵島生島』の絵島は、いずれも罪人として公儀の厳しい裁きを受け、生涯の幽閉という刑に服する。『日本橋』のお孝は葛木への片想いの果てに狂死する。『にごりゑ』のお力は、源七の妻子に一家を破滅させた「鬼」と罵られつづけた果てに、源七の仕掛けた無理心中によって凄惨な最期を遂げたことが結末で語られる。『江戸っ子肌』の小いなは、片想いの相手の吉五郎が、町火消し次郎吉（黒川弥太郎）の妹おもん（櫻町弘子）と結ばれるのを助けるために、自己犠牲の死を選ぶ。時代劇映画において、多くの場合、主人公の正統な伴侶として選ばれるのは、「台所」もしくは座敷の「奥」を居場所とする「娘」、すなわち父ないしは兄の家に帰属する未婚の処女であり、「二階の窓辺」で他者の視線に身体をさらす女は、共に所帯を構える伴侶としてはふさわしからぬ存在として扱われる。「二階」からの自発的な越境を試みる女たちを、映画の結末において待ち受けるのは、しばしば非業の死、あるいは『花の生涯』の結末で、村山たか女に課される京都三条大橋での三日間の晒し刑のように、死に等しい社会的制裁である。

## 「フェミニスト時代劇」の可能性

一九六〇年に、淡島千景は、内田吐夢監督による東映京都作品『酒と女と槍』に出演し、実在した女歌舞伎の太夫・村山左近という、やはり高所に立って他から見られ、かつ意志的・能動的な視線をもって他を見下ろす女を演じた。

『酒と女と槍』は、戦後の内田吐夢の監督作品の中では比較的マイナーな作品といえる。一九九八年にVHS（ワイド版）が発売され、二〇二一年一二月にDVDが発売されるまで、二〇年以上にわたってソフトが販売されず、名画座等での上映機会も決して多くはなかったため、近年までは鑑賞も容易ではなかった。四方田犬彦の作家論『無明 内田吐夢』（河出書房新社、二〇一九年）でも、本作は詳細な解説・論評の対象からは外されている。本作が、大半が徳川幕藩期を舞台としていた当時の時代劇映画の中では、不人気なサブジャンルとみなされていた安土桃山時代を舞台とする「鎧もの」[6]であり、主人公の富田蔵人高定も、一般に名の知られた武将ではなかったこと、さらに、全編最大の大規模なアクション場面である関ヶ原の戦いの場面に「劇的要素がない」[7]ことが、大衆的人気を遠ざけた要因の一端といえる。のみならず、本作がマイナー作品となった理由の一端として、オープニングのクレジット順では二番目の淡島千景が演じる村山左近という人物のわかりにくさもあったと考えられる。主人公高定の親族でも妻でも恋人でもない左近は、なぜクライマックスで突然高定の眼前に現れ、高定を錯乱させ、破滅へと導く決定的な役割を担うのか？

『酒と女と槍』は、主人公の佐々木高定を演じた大友柳太朗が、海音寺潮五郎の時代小説集『酒と女と槍と』（新潮社、一九五八年）の表題作の映画化を切望したことから始動した企画だった。豪快な戦国武将の「男の美学」を謳う原作小説の雰囲気は、カラー・シネマスコープの画面全体に騎馬の鎧武者たちが映し出され、武者たちの中で、長柄の槍を肩に、瓢箪酒を傾けながら、朗らかな笑い声をあげて馬を駆る高定がクロースアップされ、そこにタイトルが重なる冒頭場面にも漲《みなぎ》っている。先述した四方田犬彦『無明 内田吐夢』では、『酒と女と槍』に関しては、ただ「別筋から流れてきた企画」[8]と記されているが、「監督の企画」ではなく、「スターの企画」の映画化だったことが、『酒と女と槍』を「作家の作品」としての評価からも遠ざけてきた。しかし、映画化に際して、内田吐夢と脚本の井手雅人は、海音寺潮五郎の原作小説からも、原作小説の準拠した史書の記述からも離れ、淡島千景演じる村山左近とその「妹分」の采女（花園ひろみ）という、二人の女性の受難と抗議を、「男性的な英雄物語」に対立する要素として導入している点に、ここでは注目していきたい。

『酒と女と槍』の主人公である富田蔵人高定の生涯について、飯田忠彦の『大日本野史』百八十六巻／武臣九十四巻（一八五一年）には、次のように記されている。

富田高定、蔵人と称す。豊臣秀吉に仕え、秀吉が太閤職を辞した後、秀吉の命により豊臣秀次に仕える。秀次の自害後、自身も期日を定めて殉死する旨を世間に告知し、当日は死に場所と定めた千本松原に死装束で現れ、見物の群衆の見守る中、多くの旧友知人と離別の杯を交わすうちに泥酔して意識を失い、切腹の機を逸するうちに、秀頼への殉死を禁じ、禁を破れば三族を誅するとの秀吉の厳命が下ったため、結局殉死を果たせなかった。その後高定は山中に蟄居し、前田利長が三度使者を立てて仕官を申し入れたが固辞し続けた。しかし、ついには利長自身が高定のもとに赴き、家臣となることを承諾させた。その後関ヶ原の戦いに際して、高定は加賀大聖寺城の戦いで功を挙げるも、ついに戦死した。[9]

『野史』の記述には一切女性が登場しないが、海音寺潮五郎の短編小説「酒と女と槍と」は、大筋では『野史』の富田高定伝に準拠しつつ、高定をいちずに慕う歌舞伎女の采女をオリジナルの登場人物として追加している。小説後半では、主君秀次への殉死を果たせなかった高定が、世間に「臆病者」と蔑まれて山中に隠遁し、采女との幸福な結婚生活に自足する日々をしばし送る。その後、前田利長がじきじきに高定の閑居を訪れ、前田家への仕官を勧めた際に、高定は当初「武士を捨てた」と断るが、長押に掛かった槍を利長に見咎められ、武士を捨てた者がなぜ槍を捨てぬか、と問われ、槍を降ろして鉈で叩き切ろうとするが果たせず、鞘をはらって槍の構えをさまざまに取りつつ「庭一ぱいに狂った」後、利長一行に従って出立する。

前田利長の願いを聞き入れ、武士として戦場に戻ることを決意した高定は、「うしろの障子のかげにしょんぼりとうなだれている采女を目の端にとらえ」、「後悔に似たもの」を感じるが、「脈々として胸の底にまだ燃えやまないものをどうしようがあろう」と、采女を後に残して利長に随行する。[10]高定が関ヶ原の戦で戦死した後、前田利長が高定の妻采女のことをふと思い出す際の心情は、次のように描写される。

あわれと思った。十分に保護してやらねばと思った。しかし、彼女の幸福をうばったのが自分であるとまでは思わなかった。大名というものはそんな考え方をするようには育てられていないのである。[11]

海音寺潮五郎の原作小説では、高定が仕官して戦に出ることで、妻采女の幸福が奪われるという認識は示されるが、男性登場人物の主観的視点から、采女の「あわれな姿」が描写され、「保護してやらねば」という男性側の意志が語られるのみに留まる。一方、采女は「しょんぼりとうなだれている」のみで、自分の幸福を守るべく発言し、行動することは一切しない。

原作小説の、「酒を呑み、女を侍らせ、槍を取って戦で死ぬ」という男性的な英雄物語に登場する女性は、挫折し失意のうちに戦場から遠ざかった英雄に、慰安と幸福を与えた後に、英雄が再び戦争に復帰しようとすれば、かすかな「後悔」の影を残すのみで、物語の視界から退いてゆく。それに対して、「男だけの世界」に生きる侍の論理の非合理性を、女性の受難と抗議を通じてえぐり出すという、「フェミニズム的」ともいえる意図に基づく書き換えを行ったことを、映画『酒と女と槍』の製作時に、内田吐夢は明言している。

武士道とは死ぬことと見つけたり——なんとも観念的な言葉だが、これが封建時代、侍にとって最高のものであった。生命を賭して、功名手柄を競う、なんとひびきのよいことだろう。それが戦国の世の男の世界であった。女のいない、男だけの世界であった。女は、いるにはいた、しかし、女性は、侍という職業がもつ、己に便利なように組みたてられた論理を持ち合せていなかった。それを知らなかった。

「酒と女と槍」では、侍という職業を通じて、彼らの持つ論理の非合理性をえぐり出してみたいと思っている。それは、その特殊な論理を知らなかった人、それに気がつかなかった人にとっての悲劇でもある。

主人公は、武士道のもつエゴイズムにふりまわされながらも、それを棄てることのできない憐れな人間である。哀れと見るのは今日の精神であって、実際は、その時代の精神を持っていたのだ。そんな主人公に女がすべてを賭ける。彼女は、はじめはなにも知らない。ただ、男を愛しただけである。彼女が、侍の特殊な論理に気ずい〔ママ〕た時は、男は生命を賭けて、武士道に生きるべく出立してしまうのだ。しかも、男の子を産めよ、といって。女を棄て、わが子を棄ててまで、生きていかねばならぬ侍の道に抗議するのが、二人の女である。一人は真正面から、そして他は、なにも云わずに子を産む。

功名よ、手柄よと、生命を賭けた華々しさの裏には、いつの世にも女性の悲劇があった。

太平洋戦争が終るまでの日本の歴史は、女性の受難史である。
戦国の、領地争奪あらそいのかげでは、女性はいつも泣いた。戦は、いつの世でも女性を不幸に陥入れてきた。戦国時代が終り江戸時代になると、町人のめざましい台頭がある。それと共に遊里での、別の形ではあるが女性受難史が、続けられた。それもつい最近まで――。
これらの悲劇が、映画全体からにじみ出てくればよいと思う。[12]

そして、映画『酒と女と槍』において、「男だけの世界」の「侍の道」に「真正面から抗議する」役割を引き受ける人物が淡島千景の演じた村山左近である。

村山左近は三浦浄心『慶長見聞集』（一六一四～二四年頃成立）に、歌舞伎踊りで「名を得し遊女」のひとりとして、出雲阿国と共に名が挙がっている実在の人物である。原作「酒と女と槍」では、ヒロインの采女は村山左近の歌舞伎踊りの一座の花形であるとされ、殉死を決意した高定が、かねてより好意を持っていた采女と、最後のひと時を共に過ごしたいという望みに応えて、左近が采女を高定のもとに連れてくる場面が、唯一の出番となる。原作での左近の役割は、富田高定という実在人物と、采女という架空の人物のカップルを、歴史的な実在性をもって成立させるための媒体にとどまっている。

一方、映画版『酒と女と槍』では、村山左近は、主演級スターの淡島千景の演じる準主人公格の役柄へと大幅に書き替えられ、男性登場人物の妻や恋人ではなく、男性の政治と戦争に対して「抗議する」役割を担う。映画の冒頭近く、高定の主君豊臣秀次が、太閤秀吉に切腹を命じられた後、秀次の妻妾三六人が四条河原で斬首される場面の後に、左近は采女を伴って妻妾たちの墓に花を手向け、その中に采女と同じ年頃の自分の妹がいたことを告げ、平然と女を犠牲にする武家の政治への憎しみを語る。

冒頭の墓参りの場面以降の左近は、一貫して「妹分」である采女を庇護し、彼女の幸福を守るという動機に基づいて行動する。殉死を決意した高定の部屋に、采女と共に呼び出される場面では、左近は采女に代わって、「お酒のお相手や座興ならお引き受けいたしますが、お枕の塵を払うことはお断り申し上げます」と、性的奉仕を断る口上を述べる。ただ采女に酒の相手をしてもらいたいだけで、他意はないとの高定の望みを容れて、同じ宿で一夜を過ごすことになった後も、左近は采女と同衾し、隣に床をのべて眠る高定の気配を、緊張した面持ちで窺いつづける。

殉死の切腹を実行できなかったために、世間に「臆病者」と誹《そし》られて山里に閑居することになった高定を、一座から姿をくらました采女のゆくえを尋ねる左近が訪れる場面では、来訪者である左近の方が「二階」ならぬ縁の上に立ち、庭にいる高定を見下ろすという位置関係のもと、男女の対決が開始される。この際、左近は采女が高定を慕っていることを知りつつも、「采女は大切な妹分、お渡しすることはできません」と決然と言い放ち、采女との縁を諦めるように高定に迫る。

高定を追ってきた采女がその場に現れ、ひそかに立ち聞いた二人の会話に絶望して自害を試みたことで、左近は二人の仲を認め、高定に、再び武士として戦場に戻り、采女を悲しませるようなことが決してないようにと念を押すと、采女に形見の短刀を贈って去ってゆく。しかし、結局高定は前田利長からの仕官の誘いを受け、再び長柄の槍を手に馬に跨《また》がり、戦場に赴こうとする。采女は自分が妊娠していることを告げて、高定の槍にしがみつき、必死に出陣を止めようとするが、「今いちど侍の意地を通させてくれ」との高定の言葉に、槍に掛けていた手を離してしまう。高定は「良い子を産め！　男の子をな！」と叫んで駆け去ってゆく。

采女が一座に戻ってきたことから、高定の破約を悟った左近は、かつて采女に贈った短刀を憤怒の表情で握りしめる。『酒と女と槍』のシナリオでは、関ヶ原の戦いを目前に、徳川家康の陣中に身を置く高定のもとに左近が現れ、怨みをこめて短刀で切りつけ、刃を返して自害することになっていたが、完成した映画では、高定が陣屋に戻ると、そこで左近がすでに自害して息絶えているという展開に変更されている。高定は左近の亡骸を抱いて「不覚であった」と絶叫する。一夜明けて合戦が始まると、高定は敵味方の区別なく槍を振るい、狂気の哄笑をあげながら、戦場を突き進んでゆく。

前章でも指摘したように、第二次世界大戦後の内田吐夢の監督作品では、「自殺者との邂逅」という出来事が頻出する。生者の前に唐突に出現する自殺者は、内田吐夢の最初の軍隊体験において遭遇した「骨の目玉の初年兵」と、敗戦時に自殺を試み「自分の股ぐら」で死んでいった「甘粕正彦」という、戦争をめぐる深いトラウマに関連する存在であり、映画の物語世界の内部では、生者の側に深刻な反省と悔恨、あるいは行動の方向性の変更を強いる力を発揮する。この文脈において、『酒と女と槍』の村山左近の自害も、男たちの戦争に対する「真正面からの抗議」の意味をもつものと解釈しうる。

『酒と女と槍』の村山左近は、妻、娘、もしくは愛人として、家父長である男性に従属することはなく、女歌舞伎の一座の大夫として独立して生きる女性であり、かつ、自分以外の女性の利益と幸福を守るために行動し、男性の都合が女性に強いる犠牲に対しては、一貫して抗議しつづける。左近は時代劇映画においては異例の「フェミニスト」的な人物といえる。さらに、左近は個人的に家父長に従属しないのみならず、異性愛体制に完全には回収されない、「クィア」な可能性を潜在させた人物でもある。

左近は女歌舞伎の一座の大夫であり、二つの舞台場面で芸を披露する。しかし、フェミニスト映画批評の原点のひとつとしてのローラ・マルヴィの論文「視覚的快楽と物語映画」の指摘したような、主流の物語映画を支配する異性愛体制の枠内で、「(観客の)視線を捕え、男性の欲望を意味し、それに向けて演じる」ショーガールのエロティックなスペクタクル[13]と、左近のパフォーマンスは決定的に異なる。左近の登場する第一の舞台場面は、観客席よりも高所からの俯瞰のカメラアングルで舞台全景が映し出され、左近は男装して若衆に扮し、娘役の采女を口説く振付で舞う。第二の舞台場面では、左近は般若の面をつけて鉄杖を手に鬼女の舞を演じ、舞台裏に引っ込んだところで、高定に捨てられて戻ってきた采女と再会する。ここでは、舞台上の左近はまず正面からのクロースアップで、目線とほぼ同じ高さのカメラから映し出され、続いて舞台裏への引っ込みが、縦構図のロングショットで捉えられる。いずれにしても、「舞台を見物する観客」の視点の代行を意図的に避けたカメラ位置とアングルが選択される。

以上の舞台場面において、左近は、マルヴィのいう「男性観客向けの性愛的見世物〔エロティック・スペクタクル」」とは、明らかに異質な形象である男性と鬼に扮装し、カメラの視点も男性観客の視点を代行することはない。それに対して、高定に采女が呼び出され、求めに応じて芸を披露する場面では、高定の前で舞う采女の姿は、ローラ・マルヴィの指摘する「男性の視線－欲望に向けて演じるショーガール」により近いイメージを体現する。

左近が男装して娘役の采女を相手に口説きを演じる舞台場面や、高定と同じ宿で一夜を過ごす際に、左近が采女を抱いて同衾する場面など、『酒と女と槍』には、女同士の官能的な触れ合いがたびたび描写され、左近が采女に特別な愛情を抱いていることが示唆される。脚本を担当した井手雅人の回想によれば、内田吐夢は当初、「ヒロインをレズビアンにしよう」と提案した後に、一夜明けてその案を却下したという。[14] 完成した映画には、左近がレズビアンであるという明示はないが、左近のセクシュアリティの曖昧さの痕跡は随所に残り、『酒と女と槍』の中心となる人間関係は、一般的な「二人の女がひとりの男を愛する」三角関係から逸脱し、「ひとりの女とひとりの男がともにひとりの女を愛する」三角関係により近い。

『酒と女と槍』の村山左近は、すべての女性を潜在的な「妻・女房」あるいは「商売女」として区分し、都合よく使おうとする男性的な論理の外部で生きる女性であり、それだけに、「男の勝手」に対する徹底した抗議者となる。時代劇映画において淡島千景の演じてきた「二階の女」たちと同様に、『酒と女と槍』の結末においても、やはり左近は非業の死を遂げる。しかし、短刀を手に激しい怒りを燃やす淡島千景のクロースアップ、そして自害して横たわる淡島千景の無言の存在感は、時代劇において男と女の生を規定してきた論理の外部から、その不合理を鋭く問う。そして、その問い掛けは、「時代劇」という枠を越えて「現代」へと届く射程を持つものでもあった。なぜなら、当時の日本人の多くは、勇んで戦場に赴いてしまった高定であり、あるいはそれをなすすべもなく見送ってしまった采女であった過去を、いまだに生々しいものとして共有していたのだから。

宝塚歌劇団から松竹大船撮影所へと籍を移しつつ、もっぱら「洋装のドラマ」を演じつづけてきた淡島千景は、当初は外部から「時代劇」の世界にやってきた女優だった。『武蔵と小次郎』に至って、淡島は着物姿の「時代劇の女」へと見事な変身を遂げたが、その外部性と越境性は、以後の時代劇出演作を通じても、当初あてがわれた境遇からの自主的な越境を試みる「二階の女」のイメージとして引き継がれていった。そして、『酒と女と槍』で淡島の演じた村山左近は、時代劇の世界を支配する「男の論理」への従属を拒んで、「槍を取って戦で死ぬ」英雄となることを選んだ主人公に対して、真正面からの抗議をぶつけ、英雄の華麗な花道となるべきだったクライマックスの戦場を、破滅的な狂気の荒れ狂う場へと変えてしまう。

飯田忠彦『野史』の富田蔵人高定伝には女性が一切登場せず、『野史』に準拠した海音寺潮五郎の小説「酒と女と槍と」は、もっぱら「侍の美学」「男の美学」に重点を置き、失意の英雄に快楽と慰安を提供するヒロインを登場させた後に、英雄を本来の居場所としての戦場に復帰させるにあたって、かすかな後悔とあわれみの情を残しつつ、ヒロインを物語の視界から退かせる。史書及び原作小説の、男性中心の武士道と政治と戦争の歴史の語りに対し、映画『酒と女と槍』は、それとは相容れない「女性の受難と抗議の物語」を新たに導入し、もっぱら「女性の抗議」

を担う村山左近を、「フェミニスト」であり、かつ異性愛体制に従属しない可能性をもつ人物として、ある程度明確な自覚のもとに造型し、描写していた可能性がある。「マイナー作品」としての『酒と女と槍』には、女性、下層の芸能者、非異性愛者といった「マイノリティ」の視点から、主流から逸脱した歴史物語を、批判的に語り直す意志と実践を見出すことができる。そうした実践を導いたのは、淡島千景のスターとしての個性でもあり、戦後の内田吐夢が「戦争」をめぐって一貫して続けてきた省察でもあっただろう。

註

[1] 淡島千景著、坂尻昌平・志村三代子・御園生涼子・鷲谷花編著『淡島千景――女優というプリズム』青弓社、一三九頁。

[2] 淡島、前掲書、一三八頁。

[3] 遊女の外出が厳しく制限されていた江戸の吉原とは異なり、嶋原の遊女は比較的自由に遊郭から出入りすることが許されていた。

[4] マキノ雅弘『マキノ雅裕女優志・情』草風社、一九七九年、六九頁。淡島千景をマキノに推薦したのは、宝塚の元演出家で、一時松竹の脚本部に籍を置いていた中西一夫だったという。

[5] マキノ、前掲書、六九頁。

[6] 主演の大友柳太朗は、『酒と女と槍』の公開に際して、「鎧ものと散切ものとは興行のタブーのようになっていて、

これまでは敬遠されていたものです」と述べている（大友柳太朗「『酒と女と槍』に出演して」『時代映画』一九六〇年五月号、二六頁）。

[7] 監督・内田吐夢は、本作の、大友柳太朗が馬上で一一尺の長槍を振り回すアクロバティックなアクションを演じ、大掛かりな撮影をした「パノラミックな」戦闘シーンについて、「戦そのものは、敵味方いりまじっての混戦で、いずれが勝っても負けても劇には関係ないのだから、そこには劇的要素がない。戦国武士が戦の中に生命を棄てていく、その雰囲気を出すためのものでしかないともいえる」と述べている（内田吐夢「武士道非情」『時代映画』一九六〇年五月号、二八頁）。

[8] 四方田犬彦『無明 内田吐夢』河出書房新社、二〇一九年、一四四―一四五頁。

[9] 飯田忠彦『野史』第四巻（日本随筆大成刊行会、一九三〇年）より現代語要約。

[10] 海音寺潮五郎「酒と女と槍と」『かぶき大名　歴史小説傑作集2』文春文庫、二〇〇三年、三〇八頁。

[11] 海音寺、前掲書、三一〇頁。

[12] 内田、前掲「武士道非情」、二八頁。

[13] ローラ・マルヴィ「視覚的快楽と物語映画」斉藤綾子訳、岩本憲児・武田潔・斉藤綾子編『「新」映画理論集成1 歴史／人種／ジェンダー』フィルムアート社、一九九八年、一二六―一四一頁。

[14] 井手雅人「「仇討選手」から「酒と女と槍」まで」吐夢地蔵有志会出版実行委員会編『吐夢がゆく』六甲出版、一九八六年、一〇五―一〇八頁。

# Ⅳ　フェミニズムとホラー

いわゆる「第二波」フェミニズムとも連動しつつ、一九七〇年代に活況を呈した英語圏のフェミニスト映画理論は、家父長制社会における商業的映画は、「男性的」な視線〜欲望〜快楽を最優先して作られ観られている、という前提を概ね共有していた。フェミニスト映画理論の原点としてのローラ・マルヴィ（Laura Mulvey）の一九七五年の論文「視覚的快楽と物語映画」（"Visual pleasure and narrative cinema"）は、いわゆる「古典的ハリウッド映画」をはじめとする主流の物語映画は、女性の欲望と意志とアクションの主体性・能動性を否定し、「見られるため」のエロティックな見世物という受動的な役割に従属させることで、もっぱら「男性的」な窃視とフェティシズムの欲望を刺激し、成就させ、快楽をもたらす構造を共有してきたことを、容易には否定しがたい説得力をもって論じた。

一九七〇年代のフェミニスト映画批評・研究の興隆期は、ちょうど世界的なホラー映画の人気の拡大期と重なり、米国の「スラッシャー」、英国の「フォーク・ホラー」、イタリアのダリオ・アルジェントらの「ジャッロ」など、それぞれに残虐でショッキングなシチュエーションを、直接的に映像化するホラーのサブジャンルや作家が、国際的な映画市場で成功をおさめつつあった。それに対して、多くのフェミニストは、現状のホラー映画とは、能動的な視線と欲望を占有する男性と、「見られるため」に身体をディスプレイされる受動的な女性という、「古典的」物語映画における非対称的な関係を、虐待や暴力を受け、破壊される女性の身体を見世物化するところにまで推し進めた、「反女性的」ジャンルとみなした。

一九八〇年代にも、「女性に対する虐待や暴力を娯楽化するジャンル」としてのホラー映画に対するフェミニストの抗議や批判は継続し、英国における「有害ビデオ(video nasties)」規制強化運動の一端を担いもした。一方で、フェミニストとしての立場と視点から、ホラー映画にはより複雑な性と暴力と欲望の表現を見出しうると指摘する複数の論考が発表され、それぞれに少なからぬ反響を引き起こした。さらに、九〇年代以降のフェミニスト批評は、ジェンダーの二元論や男性中心主義、異性愛主義といった既存の性の規範を揺るがし、女性観客を力づけるポジティヴな可能性を、ホラー映画に見出してきた。

映画研究者バリー・キース・グラントが指摘したように、ホラー映画は「性的差異の政治学」に多分に依拠するジャンルであり、現実の社会におけるジェンダーとセクシュアリティをめぐる力学の変化に対しても、常にセンシティヴに反応してきた。一九七〇年代以降のホラーは、多分にフェミニズムの動向を意識し、男女間の非対称的な力関係の転覆、家父長的存在の打倒、女性のエンパワメントといった、フェミニズムの目標に合致する要素を積極的に取り込んできた。たとえば、男性の殺人鬼に追い詰められながらも反撃し、最後に生き残るヒロインが、「映画内でセックスをした女性は必ず殺される」といった「ホラー映画のルール」に対して、「私の映画ではそうはならない("Not in my movie.")」と宣言し、「フェミニズム」と親和的な大団円に至る『スクリーム』(ウェス・クレイヴン監督、一九九六年)が大ヒットしたことは、「フェミニズム」の包摂に商業的なメリットがあったことを示す例ともいえる。

以降の各章では、いずれもフェミニズムの成果の直接的な引用を含むホラー、もしくはそれに類する作品を取りあげる。クエンティン・タランティーノ監督『デス・プルーフ in グラインドハウス』(二〇〇七年)は、九〇年代フェミニスト映画研究の代表的な著作のひとつであるキャロル・J・クローヴァー『男性、女性、チェーンソー』(一九九二年)を参照しつつ製作されたことを、監督当人が認めている。ダリオ・アルジェント監督の同名映画(一九七七年)のリメイクであるルカ・グァダニーノ監督『サスペリア』(二〇一八年)は、アナ・メンディエッタやジュディ・シカゴらフェミニスト・アート作品ほか、多数の女性のアーティストの作品を引用する。しかし、そうした引用が、商業的な利害関心や、もしくは男性側のフェティシズムに資するために使われるだけではなく、女性が自らの性ゆえにこうむる差別や抑圧、暴力を廃止し、女性の尊厳と権利を守るという、フェミニズムの本来の目標の実現に対して、どれだけ積極的な役割を引き受けるものかは、容易には判断しがたい。あるいは、ホラーにおいて犠牲者に理不尽な虐待と暴力を与える「怪物」役を、「フェミニズム」が負わされている可能性も否定しがたくある。

一九七〇年代以降、「フェミニズム」と「ホラー」は、まったく相容れない敵対関係ばかりではないが、同じ目標に向かって協働する同士とも言いがたい、複雑かつ流動的な関係で結ばれてきた。以降の各章では、その関係の一端を解きほぐすことを試みる。

# 第7章　恐怖のフェミニズム

## ――「ポストフェミニズム」ホラー映画論

### ホラー映画とフェミニスト批評

一九七七年以降に発表された代表的なホラー映画論を集めたアンソロジー『差異の恐怖――ジェンダーとホラー映画』の編著者バリー・キース・グラントは、ホラーとは、「性的差異の政治学（the politics of sexual difference）」に特化した映画ジャンルであると述べる。[1] グラントによれば、古典的なホラー映画を象徴するイメージは、吸血鬼ドラキュラ伯爵、フランケンシュタインの怪物、大アマゾンの半魚人といった、怪物的男性もしくは男性的な怪物であり、そうした怪物たちに脅かされ、襲撃される、若く美しく無防備な人間の女性だった。その一方で、ホラー映画とは、バーバラ・クリードが、著書『怪物的女性――映画、フェミニズム、精神分析』で指摘したように、多様な怪物的女性もしくは女性的な怪物たちの跳梁する場でもあった。[2] あるいは、『サイコ』（アルフレッド・ヒッチコック監督、一九六〇年）以降のホラー映画では、超自然性を欠く人間であり、内なる性的な混乱や逸脱によって猟奇的な殺人に駆りたてられるシリアル・キラーが、犠牲者を襲撃する「怪物」役をしばしば務めるようになった。性的差異そのもの、もしくはあるべき性的差異の境界を定めるルールやコードの動揺から、ホラー映画の恐怖は生み出される。

「性的差異の政治学」を表現するジャンルとしてのホラーと、フェミニズムとの関係の歴史は、紆余曲折に満ちている。一九七〇年代の「第二波」フェミニズムの興隆と時期を前後して、ハードコア・ポルノ映画と、怪物的な連続殺人者が若者たちを惨殺していくホラー映画のサブジャンル「スラッシャー」など、露骨なセックス、暴力、殺人のスペクタクルを最大の興行価値とするジャンル映画のメインストリーム化が顕著となった。従来、非劇場・非公開空間で鑑賞されていた性行為を映すフィルム（通称“stag film”）や、もっぱら「グラインドハウス」やドライブイン・シアター限定で上映されていた、セックスと暴力が呼び物の「エクスプロイテーション映画」に対し、『ディープ・スロート』（ジェラルド・ダミアーノ監督、一九七二年）をはじめとするハードコア・ポルノ、『悪魔のいけにえ』（トビー・フーパー監督、一九七四年）をはじめとする「スラッシャー」は、大都市中心部の一流館を含む一般向け映画館への進出を果たし、センセーションと非難とを交々に巻き起こした。同時代にポルノグラフィ反対運動に取り組んでいたフェミニストのグループは、「スラッシャー」についても、ポルノにごく近いジャンルであるとして、しばしば非難・抗議を行った。とりわけ、「実際に主演女優が殺害される瞬間を《記録》したフィルムが使われている」ことを示唆する（虚偽の）宣伝キャンペーンを張って公開された『スナッフ／SNUFF』（マイケル・フィンドレイ／ロベルタ・フィンドレイ監督、一九七六年）は、各地でフェミニストによる上映反対運動の対象となり、「ポルノに反対する女性たちの会」（Women against Pornography;

WAP）は、ニューヨークで『スナッフ』上映館を取り巻くピケを張った。[3]

一九七〇年代の反ポルノ派フェミニストは、ポルノとスラッシャーを「反女性的」ジャンルとして同一視し、若い男性中心の観客に向けて、女性の犠牲者の身体を支配し、恣に暴力を行使する楽しみを教唆し、さらには実践へと駆りたてる危険性をもつものだと主張した。ハードコア・ポルノ（「本番」）とスラッシャー（「殺人」）の間の曖昧な領域に立ち現れた『スナッフ』のような映画は、ポルノの性行為は女性に対する暴力であり、スラッシャーの女性に対する暴力はセクシュアルなものであることの証左とみなされた。『スナッフ』の製作と公開について調査したエンヤ・ジョンソンとエリック・シェーファーは、当時のポルノ映画をめぐる語りは、それ自体がホラー的なパターンを踏襲していたと指摘し、「反ポルノ派フェミニストたちは、犠牲を強いられる姉妹たちを救うべく、聖戦に身を投じるファイナル・ガール〔スラッシャーにおいて最後まで生き延び、連続殺人者に対して逆襲する女性主人公〕の役を自ら買って出た」[4]と述べる。

しかし、一九七〇年代の反ポルノ派フェミニストによるポルノ／ホラー攻撃に対し、一九八〇年代以降のフェミニスト映画批評は、実際の映画の内容を精査しつつ、いくつかの疑問を提示してゆく。リンダ・ウィリアムズは、一九八三年のホラー映画論「女性が見るとき」の結論で、「ホラーは、女性の性的な能力と欲望の表現を許容し、その欲望を《見る》という自律的行為に結びつけてきた、数少ない映画ジャンルの例かもしれない」[5]と、そうした女性の欲望は、最終的には怪物化されて罰されるという留保を付けながらも指摘した。さらに、キャロル・J・クローヴァーは、一九八七年の画期的なスラッシャー映画論「彼女の身体、彼自身――スラッシャー映画におけるジェンダー」において、スラッシャーに登場する連続殺人者とファイナル・ガールは、それぞれに「能動的に攻撃する男性」と「受動的に犠牲となる女性」の二元論に収まらない、性的に曖昧、もしくは多義的な人物として造形され、描写されていると指摘した。クローヴァーは、主に若い男性として想定されるスラッシャーの観客も、自分と性を同じくする殺人者のみに感情移入するのではなく、殺人者とファイナル・ガールの両方に同一化しつつ、加虐と被虐、全能感と無力感にこもごも共感する、流動的かつ両義的な体験を楽しんでいる可能性を示唆した。[6]

クローヴァーのホラー映画論からも刺激を受けつつ、リンダ・ウィリアムズは、一九九一年の論文「映画身体――ジェンダー、ジャンル、過剰性」において、ポルノ、ホラー、メロドラマを、人間の身体をセンセーショナルに見せることで、観客の直接的な身体的反応を引き出す「身体ジャンル（body genre）」として定義した。ウィリアムズは、これらの「身体ジャンル」及びその観客を、たんに「低級」で「悪質」とみなし、映画文化のヒエラルキーの下層に位置づけてきた従来の価値規範に抗して、「身体ジャンル」及びその観客の体験のシステム、構造、そこから生み出されるファンタジーを真剣に検討すべきであると主張し、論文の結論部分で次のように述べている。

……「気色の悪い（gross）」身体ジャンルは、女性に対してきわめて暴力的かつ有害に見えるかもしれないが、しかし、これらのジャンルを、一枚岩的で不変不動の女性嫌悪や、もしくは男性観客にとっての純粋なサディズム、女性観客にとっての純粋なマゾヒズムのみの証左として、単純に片付けてしまうことはできない。これらの身体ジャンルの存在と大衆的な人気は、複数の生物学的性（sexes）の間の関係に生じつつある急激な変化と、ジェンダー――男性であり女性であることの意味――の概念の揺らぎに即応している。露骨なセックス、暴力、感情の表現ゆえに、悪質な過剰として片付けることも、マゾヒズムとサディズムゆえに、悪質な倒錯として片付けることも、これらのジャンルの文化的な問題解決方法としての機能を適切に扱うことにはならない。結局、ジャンルの依拠する問題が存続する限り、ジャンルもまた存続する。しかし、ジャンルを存続させるのは、その問題の特性を作り変える力でもある。[7]

一九八〇年代以降に、フェミニスト映画批評・研究の一環としてのホラー映画論を発表したクローヴァー、ウィリアムズらの論者たちは、七〇年代の反ポルノ派フェミニストのホラー非難に対し、ホラー映画の「フェミニズム的価値」を見出すことで反論を試みたわけではない。この時点では、ホラー映画とはもっぱら異性愛者の男性観客を対象とするジャンルとみなされ、ホラー映画を観る女性観客の視点や体験についての関心は乏しかった。[8]ホラー映画を男性観客向けのジャンルであると想定しながらも、そこでは従来信じられてきたような、異性の身体を暴力的に領有する欲望と女性嫌悪のみに限定されない、より複雑な性と権力の関係が表現されている可能性に、この時期のフェミニスト映画批評・研究は注目した。女性または男性の身体をもち、社会において女性または男性として生き、他と関係を結ぶことに付随する諸問題に対する、独自の

「文化的な問題解決方法」を提示するジャンルであるがゆえに、ホラーはフェミニスト批評にとっても重要な対象たりうる。それが、この時期のウィリアムズらの問題意識だったといえるだろう。必ずしも「フェミニズム的価値」を直接的に体現するわけではないが、フェミニズムの取り組むべき問題に直接的に言及するジャンルとしてのホラー映画は、今日に至るまで、「性的差異の政治学」から恐怖を生み出しつづけている。商業的ホラー映画の大半は、定型的なプロット・キャラクター・シチュエーションの反復、過去のヒット作の「リメイク」、「リブート」、「リバイバル」、「アダプテーション」、または焼き直しによって作られるが、単調な反復と作り直しを超えた「新しさ」を個々の作品に付与する機能は、しばしばジェンダーとセクシュアリティの表現が引き受ける。たとえば、シリアル・キラーもののルーツとしての『サイコ』(アルフレッド・ヒッチコック監督、一九六〇年)の殺人者は、母親の過剰な愛と支配によって「健全な」成長を阻まれた息子だったが、『殺しのドレス』(ブライアン・デ・パルマ監督、一九八〇年)及び『羊たちの沈黙』(ジョナサン・デミ監督、一九九〇年)ではパスの挫折に苦しむトランスジェンダー、『アメリカン・サイコ』(メアリー・ハロン監督、二〇〇〇年)ではアッパーミドルクラスの白人男性が、怪物的なシリアル・キラーの役を務めた。第二次世界大戦後の「マミイズム」への危機感、一九七〇年代以降に徐々に可視化された多様な性的マイノリティの存在、規範的な「男らしさ」への疑念など、それぞれの時代のアメリカ社会における「性的差異」をめぐる問題の感覚に結びついたアイデンティティが、ホラー映画の「怪物」役には付与されてきた。

一方、ホラー映画において恐怖に脅かされ、あるいは逆襲する役割を担う女性は、「より力強く更新された」存在であることがしばしば強調されてきた。今日公開されるホラー映画の多くは、「力強く更新された女性」のイメージを大きく売り出すが、はるか過去の時代から、それが怪物的な力であるにせよ、あるいは怪物を打倒する力であるにせよ、ホラー映画は多分に「女性の力」に依拠した映像と物語を提供しつづけてきた。したがって、今日のホラー映画における「力強い女性」の存在それ自体がユニークなのではなく、その「女性の力」がどのような要素から構成され、どのように他に働きかけ、どのような出来事を引き起こすかに、製作時期、地域、あるいは作品ごとのユニークな特性が現れるといえる。本章では、二〇一八年に公開された二本のホラー映画に共通するモチーフとしての「女性の創造的な力」及び「女性の力で加害者化される弱者男性」に注目し、今日のホラーにおける「性的差異の政治学」が、フェミニズムとどのように関わりをもつのかについて考察を試みる。

## 女性の「アート／クラフト」の恐怖

欧米の伝統的なホラー映画が、「怪物」と「怪物に襲われる犠牲者」のそれぞれに異なる性を割り振り、「怪物から犠牲者を救済するヒーロー」を異性愛男性に設定してきたのに対し、それらをすべて女性の役に限定した『サスペリア』（ダリオ・アルジェント監督、一九七七年）は、公開当時としては、かなり異例の女性中心のホラー映画だった。『サスペリア』の「女性映画」的な方向性には、原案及び共同脚本としてクレジットされているダリア・ニコロディの関与するところが大きかったことは明らかといえる。ニコロディは、『サスペリア』は「自分の作品」であり、自分の祖母が実際にバレエ学校で体験した出来事に基づいてストーリーを構想したことを、機会あるごとに主張している。しかし、「映画作家」としてのダリオ・アルジェントを高く評価する批評家やファンは、総じて『サスペリア』を「ダリオ・アルジェントの作品」とみなし、ニコロディについては「作家にとってのミューズ」として扱い、ニコロディ自身の作者性については否定的に捉える傾向があり、アルジェント当人の言動も、その傾向を助長してきたことは否めない。

それに対して、マーサ・シアラーは、論集『ホラーを作る女性たち——映画製作、フェミニズム、ジャンル』の第四章「扉の蔭の秘密——ダリア・ニコロディと『サスペリア』の複数の作者性」[9]で、『サスペリア』を「女性と男性の両性の作者をもつ作品」として捉え直すことを提唱している。シアラーによれば、七七年版『サスペリア』の顕著な特徴的要素としての、表層的な色彩の美しさ、ディティールの装飾性、魔術と芸術の融合のイメージなどは、伝統的に「女性による芸術作品」を定義し評価する際に、とりわけ特性として強調される傾向が強かった。あるいは、女性主人公が「館」を探索し、恐ろしい真実の隠されている秘密の部屋を見つけ出すプロットは、古くはシャーロット・ブロンテの『ジェーン・エア』、あるいは『サスペリア』公開と比較的近い時期に発表されたアンジェラ・カーター「血染めの部屋」(一九七九年)をはじめ、他の多くの女性作家の作品と共通していることも、シアラーは指摘している。

一九七七年版『サスペリア』を、二〇一八年にリメイクした『サスペリア』(ルカ・グァダニーノ監督、二〇一八年)は、七七年のオリジナル版と同じく、西ドイツにダンス留学したアメリカ人の少女スージー（ダコタ・ジョンソン）を主人公として、現地で起こる数々の奇怪な出来事を物語り、やがて魔女集会の秘密へと迫ってゆく。七七年版自体は「女性中心のホラー」として突出した作品だったが、一八年版は、その「女性中心性」を、さらに意識的に推し進めたリメイクとして製作されたといえる。

七七年版の主要な舞台となったのがクラシック・バレエの学校だったのに対し、リメイク版『サスペリア』では、コンテンポラリー・ダンスのカンパニーであるマルコス舞踊団のスタジオへと舞台が変更されている。また、七七年版ではバレエの演じられる場面自体が乏しく、主人公スージー（サラ・ハーパー）にしても、最初のレッスンの途中でよろめき、床に倒れこんで以降、ダンサーとしての才能と技量を披露する機会を与えられないのに対し、リメイク版の主人公スージーは、オーディション、練習、本公演の複数のステージで、強靭で才能あるダンサーとしてのパフォーマンスを披露する。クライマックスのステージ場面では、スージーを中心とするマルコス舞踊団によって、マリー・ウィグマン、マーサ・グレアム、ピナ・バウシュら、現代舞踊史を代表する女性舞踊家・振付家の作品に対するオマージュとアダプテーションから構成された舞踊《民族（Volk）》が演じられる。

リメイク版『サスペリア』は、「女性的な作家性」を顕著に体現するオリジナル作品の翻案であるのみならず、多数の女性による芸術作品の引用によって構成された作品でもある。名高い女性舞踊家・振付家の作品が引用されるダンス場面のみならず、物語空間の視覚化に際しても、女性アーティストの作品が集中的に引用される。マルコス舞踊団のキッチンのセットデザインのモデルは、女性建築家マルガレーテ・シュッテ・リホツキーが設計した「フランクフルト・キッチン」であり、[10] アナ・メンディエッタ、ジュディ・シカゴらフェミニスト・アーティストの作品に由来するイメージが映画全編を彩る。ルカ・グァダニーノ監督は、「男性が作ったこの映画が、恐怖を通じて、女性の芸術的経験の壮絶な展示を体験するようなものになることを望みます」と、公開時のインタビューで、女性による芸術作品を多数引用した意図について語っている。[11]

リメイク版『サスペリア』は、複数のダンスの実演場面を設けて、女性の卓越した身体能力とパフォーマンス技術をつぶさに見せ、実在する女性アーティストによる作品からの引用を積み重ねることで、女性の創造的な力が横溢《おういつ》する世界を作り上げる。しかし、マルコス舞踊団を支配する女性の創造的な力は、もっぱら強者の間の権力闘争と、弱者に対する虐待に用いられ、フェミニズムの目的としての「抑圧と不平等からの女性の解放」に直接資することはない。マルコス舞踊団において女性が創作し演じるダンスには、強大な魔力が備わっているが、その魔力はもっぱら、力なき女性たちを脅かし、拘束し、肉体に極度の苦痛を与えたうえで破壊する用途に用いられる。たとえば、スージーが二度目のソロダンスを披露する場面では、スージーの力強いダンスと、舞踊団からの脱出を試みたものの果たせず、別のダンスフロアに閉じ込められているダンサーのオルガ（エレーナ・フォキナ）が、見えない何者かの力によって、四肢を折り曲げられ、壁に叩きつけられ、身体を不自然に折り畳まれて、極度の苦痛に悶えつづける情景が、同調しつつカットバックされる。

二〇一八年六月に公開された『サスペリア』の予告編には、アナ・メンディエッタの作品《無題（シルエット・シリーズ、メキシコ）》（一九七八年）、《レイプ・シーン》（一九七三年）から盗用されたイメージが含まれているとして、メンディエッタ作品の著作権を管理するアナ・メンディエッタ財団が、製作会社のアマゾン・スタジオに対して著作権侵害訴訟を起こし、結局、該当するイメージは本編からは削除された。[12] メンディエッタ《レイプ・シーン》の引用であると指摘されたイメージのひとつが、両手を縄で縛られて机に拘束されるパトリシア（クロエ・グレース・モレッツ）の半身を映すショットだった。男性による性暴力の犠牲となった女性の身体の痕跡を作品として残すことで、性暴力に対して抗議するオリジナル作品の主旨に対して、『サスペリア』予告編では、それが女性の強者によって拘束され、責め苦を与えられる女性の弱者の身体の痕跡のイメージとして引用され、根本的に意味を書き換えられていたということになる。

一方、リメイク版『サスペリア』の世界の男性たちは、過去のホラー映画では伝統的に「男性的」な役割だった、「ヒロインを襲う怪物」「ヒロインを救出するヒーロー」の役割から、ほぼ完全に放逐されている。もっとも重要な男性登場人物である精神科医ヨーゼフ・クレンペラー（〝ルッツ・エバースドルフ〟ことティルダ・スウィントン）は、魔術と悪魔の実在するオカルト・ホラーの世界においては、予め敗北を余儀なくされている「医学者／科学者」であり、マルコス舞踊団を支配する超常の力に脅かされる若い女性たちに助けを求められるが、ジャンルの約束事通りに、その脅威の正体を見抜くことができず、科学的知による解決に挫折する。

映画の冒頭場面では、マルコス舞踊団の団員のひとりパトリシアが、患者としてクレンペラーのクリニックを訪れ、魔女たちの存在、建物に隠された秘密、「自分を取り込む」計画が進行していることについて、取り乱しつつ訴えるが、クレンペラーはそれを聞きつつ、ノートに「妄想」と書きつける。その後、行方不明になったパトリシアの身を案じるもうひとりの団員サラ（ミア・ゴス）と接触したクレンペラーは、サラと協力して、パトリシアの行方と舞踊団の秘密を探り出そうと試みる。しかし、《民族》の公演のステージで、脚を骨折したサラが見えない力に操られて踊らされ、最後に絶叫しつつダンスフロアに倒れて苦悶する情景を観客席で目撃したクレンペラーは、なすすべもなく劇場を去ると、パトリシアが残した手記と、サラが劇団の秘密の部屋から持ち出してクレンペラーに託した鉤状の凶器を、川に投げ捨てる。

　映画の現在時においてパトリシアとサラの救済に失敗し、二人を見捨てるのみならず、クレンペラーは、第二次世界大戦期のナチス・ドイツによるユダヤ人絶滅政策下、ユダヤ人である自分と結婚していたために逮捕され、消息不明となった妻アンケ（ジェシカ・ハーパー）を救済できず、自分ひとりが逃亡して生き延びたことに自責の念を抱きつづけている。過去及び現在における救済の失敗者であるクレンペラーは、映画のクライマックスでは、怪物に追いつめられて極度の恐怖と苦痛を味わったのちに、危機一発で生還するという、「ホラー映画の犠牲者-ヒロイン」の役割をも引き受ける。かつての「男性的役割」だった「論理と知の力による弱者の救済」に挫折し、「女性的役割」としての「無力な犠牲者」に移行するというクレンペラーの、いわば性的役割を越境するキャラクターは、女優であるティルダ・スウィントン（ひとり三役）が特殊メイクを使用して演じるというキャスティングによっても補完される。

　マルコス舞踊団を支配する怪物的な力は、三人の若い女性団員をはじめ、幾人もの弱者たちを虐げるが、クレンペラーに対する虐待は、他とは異なり、いったん彼を「加害者の立場に陥れる」というプロセスを経て遂行される。パトリシアとサラから託された証拠品を川に投げ捨てた後に、突如幻のように出現した妻アンケと寄り添い、幸福感に満たされて夜のベルリンの街を歩くクレンペラーだが、マルコス舞踊団の建物の前を通りかかったことにふと気づいてみると、傍らにいたはずの妻の姿は消えうせ、代わってマルコス舞踊団の女性幹部二人が、けたたましい叫び声をあげつつクレンペラーに襲いかかり、建物内に引きずり込む。幹部のひとりミス・フラー（レネ・ソーテンダイク）は、クレンペラーがサラから預かった後に捨てた鉤状の凶器を手に振りかざし、「逮捕が始まる前に妻をベルリンから逃がせたはずだ！　女が真実を語っても憐れみもせず、妄想だと決めつける！」と責め立て、嘲笑しつつ、憐れみを請うクレンペラーを、秘密の地下室へと引き立ててゆく。

衣服を奪われて全裸にされたクレンペラーは、同じく全裸となった団員たちが、オルガ、パトリシア、サラの腹を生きたまま切り裂き、取り出した内臓を手に踊り狂う儀式に、「証人」として立ち会わされる。舞踊団の創設者ヘレナ・マルコス（ティルダ・スウィントン）が、全身を腫瘍に覆われたおぞましい姿を現し、マルコスが老いて病んだ肉体を捨てて、新たに憑依するための「器」として選ばれたスージーが続いて登場する。舞踊団のナンバー2の実力者で、スージーの師マダム・ブラン（ティルダ・スウィントン）は、スージーを救うために儀式を中断させようとするが、マルコスはブランを魔力で攻撃し、その首を半切断して殺害する。すると、スージーは女性のシルエットをもつ黒い魔物[13]を召喚し、自分こそは太古の母なる三大魔女のひとり「マザー・

サスペリオルム」であると名乗りをあげると、マルコスとその支持者たる団員たちを、やすやすと殺戮していく。瀕死の状態で生贄にされていたオルガ、パトリシア、サラは、「あなたの望みは?」とのスージーの問いに対し、いずれも死を願い、スージーは三人の願いを聞き入れて安らかな死を与える。殺戮の一部始終を目撃した翌朝、クレンペラーは、生き残った団員のひとりミス・ヴェンデガスト(イングリット・カーフェン)に付き添われて舞踊団の建物から出され、ヴェンデガストの歌う《ブラームスの子守唄》に送られて帰路につく。

女性たちの救済に失敗するのみならず、彼女たちの言葉を「妄想」と決めつけ、危機から脱出する機会を奪う過ちを犯したとして、クレンペラーを責め立てるフラーたちの声は、「フェミニスト」的な響きをおびている。しかし、フラーはマルコス支持派のひとりとして地下で殺戮され、舞踊団の権力闘争に勝利し、ヒエラルキーの頂点に立ったスージーは、クレンペラーの自宅を訪れ、「娘たち」の仕打ちを謝罪する。さらにスージーは、「あなたは真実を知るのに値する」と、アンケが戦争末期にテレージエンシュタット収容所で死亡したことを伝えた後に、クレンペラーの「罪と恥の意識」の源泉たるアンケ、パトリシア、サラの記憶を消し去る。クレンペラーに対する魔女の攻撃は、「女性に対する加害」を責め立て、罪悪感を介してコントロールする形で遂行されるが、最終的にスージーはその罪悪感からクレンペラーを解放し、「罪なき犠牲者」としての立場を認めるという救済を与える。

魔女の脅威からも、恥と罪の記憶からも最終的に解放され、無垢な「犠牲者」としてベッドに横たわるクレンペラーには、忠実な家政婦のゼザム夫人(ドリス・ヒック)が寄り添う。シルヴィア・フェデリーチは、一六世紀から一七世紀にかけてのヨーロッパでは、「魔女狩り」をはじめとする女性に対する攻撃により、女性の経済活動や、女性たちの共同体、そこで共有され継承されてきた独自の知の体系の価値が切り下げられ、男性による女性の労働と再生産の領有が進められた結果、「この敗北から新しい女らしさの規範が生まれた。すなわち、受動的で従順、つましく、口数少なく、つねに忙しく働き、慎み深いという理想的な女性であり妻であった」と述べる[14]。クレンペラーと親密な関係にある女性たちは、妻のアンケにしても、最後にそばに付き添うゼザム夫人にしても、フェデリーチのいう「新しい女らしさの規範」に近く、マルコス舞踏団の魔女たちとはまったく対照的な存在である。リメイク版『サスペリア』の結末では、魔女の共同体は完全には滅ぼされず、より若く強力な魔女をリーダーに頂いて存続するが、ラストシーンを支配する情緒は、過去に実在した「魔女狩り」の結果として確立された「女らしさの規範」へのノスタルジアに近い。

## 「フェミニズム」のアプロプリエーション

リメイク版『サスペリア』と同年に公開された『ヘレディタリー／継承』（アリ・アスター監督、二〇一八年）は、『サスペリア』と同様に、「女性が芸術（art）を創造する力と技」と「魔術（witchcraft）」が一体化した「女性のアート／クラフトの力」に支配された恐怖の空間を提示する。『ヘレディタリー／継承』の主人公アニー（トニ・コレット）は、ミニチュア室内模型によって自分の人生を再現するアーティストであり、冒頭では、アニーの製作中のミニチュア・アートにカメラが入り込んでいくと、ミニチュアが現実の家に切り替わり、アニーの高校生の息子ピーター（アレックス・ウルフ）と、精神科医の夫スティーブ（ガブリエル・バーン）が登場する。『ヘレディタリー／継承』では、いずれも「アート／クラフト」を手作りする祖母‐母‐娘の三世代の女性たちによる「創作活動」が、「悪い場所」「危険な場所」を創り出す。アニーの幼い娘チャーリー（ミリー・シャピロ）は、常に不気味なオブジェを工作し、スケッチブックを片時たりとも手放さない。さらに、冒頭で葬儀が執り行われるアニーの亡き母エレン・リー（キャスリーン・チャルファント）は、黒魔術に精通した「魔女」であったことがやがて判明する。

リメイク版『サスペリア』と『ヘレディタリー／継承』は、「女性のアート／クラフト」の作り出した恐怖の空間という要素を共有するのみならず、いずれも、「女性に許容しがたいダメージを与えた加害者」の立場に陥れられ、過大な責任を押しつけられ、罪悪感を介してコントロールされる男性の受難を物語る。過去のホラー映画は、他を犠牲にする怪物的な力、もしくは怪物を打倒するヒロイックな力としての「女性の力」をくり返し描いてきたが、女性には、「男性の弱者を加害者の立場に陥れ、罪悪感を介してコントロールする力」が備わっていると想定する点に、両作品の「新しさ」を見出すことができるだろう。

『ヘレディタリー／継承』の祖母エレン・リーの黒魔術、アニーのミニチュア・アート、チャーリーのスケッチブックは、一家の高校生の長男ピーター（ピーター・ウルフ）を取り込み、悪魔の王ペイモンを召喚し、その肉体に憑依させる計画に際して、それぞれに重要な役割を担う。

ピーターを取り込む計画は、まずピーターを「加害者」の立場に陥れることから遂行される。両親の車を借りて高校のバーベキューパーティーに行こうとするピーターに、アニーは妹のチャーリーを一緒に連れていくように言い、なかば強引に二人を送り出す。パーティー会場で、ピーターが同級生のブリジット（マロリー・ベクテル）と別室でマリファナを吸っている間、ひとり残されたチャーリーは、アレルゲン物質のナッツの入ったケーキを誤食し、アレルギーによる呼吸困難症状に陥る。チャーリーを車に乗せ、病院に急行しようとするピーターだが、突如として眼前の道路に横たわる鹿の死体が出現し、急ハンドルを切ったはずみに、後部座席の窓から顔を出していたチャーリーが、道路脇の電柱に激突してしまう。衝突からしばし経った後に、茫然自失としたピーターは、後部座席の様子を確かめることはせずに、そのまま車を運転して帰宅し、何事もなかったそぶりで自室に入ってベッドにもぐり込む。翌朝、ピーターの部屋の外から、外出しようとしたアニーが、車のドアを開けて何かに気づき、絶叫する声が響いてくると、シーンは路上へと切り替わり、血塗れで道路脇に転がり、小虫にたかられているチャーリーの切断された首が映し出される。

『ヘレディタリー』全編でも、とりわけ観客に強烈なおぞましさを感じさせるこのシークエンスでは、チャーリーの惨死の直接的な責任はピーターに負わされるが、この出来事を引き起こし、そこにピーターを巻き込むのは、複数の女性たちの働きかけでもある。母アニーの強引な指示により、ピーターはチャーリーを連れてパーティーに行くように仕向けられる。パーティー会場では、ブリジットの登場と、別室に水タバコの道具があるという誘いが、ピーターの注意を妹から引き離す。そして、ケーキを食べるようにピーターに勧められたチャーリーが向かうキッチンでは、二人の少女がケーキを作り、大量のナッツを切り刻んでいる様子が克明に映し出される。さらに、ピーターの運転する車がチャーリーを乗せてパーティーに向かう際に、通り過ぎた道路脇の電柱がしばらく固定ショットで映し出され、そこには後でペイモンの紋章と判明する印が描かれているが、同じ電柱が、その晩にチャーリーの命を奪う。したがって、事故それ自体が祖母の計画の一部であり、終始一貫して祖母の意志に従うチャーリーも、おそらくはそれを承知していたことが示唆される。

チャーリーの事故死という出来事に対して、ピーターは明らかに多くの過ちを犯しはするが、その一方で、女性たちが主体となって作り上げた状況に、意志に反して引き込まれ、過大な加害責任を押しつけられる被害者でもある。チャーリーの死後、ピーターは罪悪感に苛まれて不安定な精神状態に陥り、母と祖母によるコントロールに抵抗する力を失う。最終的には祖母の望んだ通りにペイモンに憑依され、「ピーター」としての自我を殺されたことが示唆される。ここでも、女性に対する加害者としての立場に引き込まれ、過大な責任を押しつけられ、罪悪感を介してコントロールされ、犠牲を強いられる男性の弱者という、リメイク版『サスペリア』と同様の図式から、おぞましい恐怖が引き出される。

一五世紀から一七世紀にかけての西洋のキリスト教社会では、悪魔や悪霊と繋がり、魔術的な力を行使する「魔女」が災厄と恐怖の象徴となり、多数の人々が「魔女」として告発され、教会の権威のもとに拷問・処刑された。「魔女狩り」の犠牲者には、男性も含まれるものの、八割は女性だったとされる。それに対して、二〇世紀以降のフェミニズムの文脈では、魔女は、女性の抑圧と迫害の共通の体験の象徴としての意味を担うようになり、一方で、家父長制に服従しない女性の能動的で主体的な力の象徴ともみなされて、フェミニストのアイコンとなった。リメイク版『サスペリア』にも引用された、ジュディ・シカゴの一九七八年の大作《ザ・ディナー・パーティ》の、三角形のディナーテーブルの下の「遺産の床」と呼ばれるタイル張りの床には、神話・伝説及び実在の女性の名九九九人分が印されている。その中には、魔女の信仰の対象でもあった異教の女神や、魔女狩りの犠牲となった複数の女性の名も含まれている。

リメイク版『サスペリア』及び『ヘレディタリー／継承』は、いずれも「女性のアート／クラフト」と、「魔女の魔術（ウィッチクラフト）」の融合というモチーフを中心に扱う。しかし、そこでは、女性の「アート／クラフト／ウィッチクラフト」は、弱者としての男性を陥れ、心身を破壊する力へと読み替えられ、フェミニズムの文脈とは抑圧と迫害のベクトルが反転している。

ある特定の集団が創り出し、継承してきた文化財を、本来はその文化的伝統と関係のない者が商業的に利用する「文化の盗用（cultural appropriation）」は、オリジナルの権利者の尊厳及び経済的利益を損なう行為として、今日ではしばしば厳しい批判・非難を受ける。あるいは、アダプテーション理論においては、「アプロプリエーション（appropriation）」と「アダプテーション（adaptation）」は、いずれも先行する作品を別の作品に作り直す行為を意味するが、「原作・原文・オリジナル」から決定的に離脱し、自己のオリジナリティを主張するような、あるいは敵対的な改変・挿入や批判を含むような「作り直し」に対しては、「アプロプリエーション」の語が適用される。[15]

リメイク版『サスペリア』は、ダリア・ニコロディを「もうひとりの作者」とする一九七七年オリジナル版を筆頭に、フェミニスト・アーティストを含む女性作家たちの作品を「作り直す」試みだった。しかし、リメイク版『サスペリア』の、「女性のアート」を、弱者を虐げ犠牲にする「魔女の魔術」へと読み替えてゆく引用は、オリジナルの引用元に対して「敵対的な改変・挿入」を行う「アプロプリエーション」の傾向を帯びることは否定しがたく、アナ・メンディエッタ財団との間に生じた紛争も、不可避の結果だったといえるかもしれない。

あるいは、美学者キャロリン・コースマイヤーは、第二次世界大戦後のフェミニスト・アートが、身体感覚やおぞましさの表現を重視したことに、女性の身体に理想的な状態の規範を押しつけ、それを満たすように拘束してきた社会と文化に対し、その価値や妥当性を疑問視させ、プレッシャーからの解放をめざすような政治的意味を見出している。

……身体感覚やおぞましさのフェミニスト的表現は、それがもたらす芸術的刷新に加えて、少なくとも二つの政治的意味を帯びた次元を持っている。まずひとつは、個人の外見を限られた規範で拘束する類の「女性的理想」を転倒させようとした。優雅さやかよわさ、上品さに依拠する美の規範は、女性はきれいにみえるようにせよ、ある種の体型を維持せよ、所属する社会で賞賛される身体の特徴を誇張せよ、という指令を出す。まさしく芸術と実人生のスタイルを橋渡しする美や外見という観点である。〔中略〕そうした一群の美的価値によって、美は、公にさらしてもよいごく一部の特徴以外はすべて排除される。しかし、そのような価値が文化的規範となるかぎりにおいて、その権威からは誰も逃れられない。それに対抗して、フェミニスト・アーティストは、これらの基準に一致しないような身体を描いてきた。[16]

一方で、コースマイヤーは、フェミニスト・アートの「おぞましさ」を活用する試みは、「デリケートで危ない企て」であり、女性を肉体的な存在とみなし、それゆえに忌避すべき対象として扱ってきた伝統的な神話やステレオタイプを強化する危険が、そこには潜在しているとも指摘している。コースマイヤーは、おぞましさのフェミニスト的表現と、ホラー映画をはじめとする商業的娯楽文化の提供するおぞましいイメージとの間に、緊張関係／共犯関係が生じる可能性について、次のように述べる。

……後者はときおりフェミニスト風のあり方をみせることもあるが、たいていはきわめて強力な装置である「娯楽（entertainment）」という手段によって、むしろステレオタイプ的なジェンダーを強化しているのである。

〔中略〕大衆向け映画における女モンスターの数と多彩さには注目すべきものがあり、それらはたいてい歯の生えたヴァギナのような恐ろしいあごをもち、性的な素性を思わせる姿で表現されている。これらの嫌悪すべき生きものは、こちらを滅ぼそうと迫ってくるが、ホラーの筋書きは一変、襲いかかる化け物勢をやっつけて、物語世界に秩序を取りもどすことをめざす。[17]

『ヘレディタリー／継承』の母と娘は、それぞれに不気味さ、おぞましさを感じさせるミニチュアや絵画などの「アート」を創作し、それが、祖母の企図した通りの、美しからぬ老いた裸体をさらす男女と、朽ちた死体によって構成される、極度におぞましい儀式のスペクタクルの完成へと役立てられる。『ヘレディタリー／継承』は、コースマイヤーの想定した「おぞましい女性性が浄化され、男性的な秩序が回復される」パターンとはまた異なり、「魔女の魔術」の勝利に終わるが、その過程では、何も知らず、自らを救う力ももたない男性たちが一方的な犠牲を強いられ、若い世代の女性たちも結局は犠牲となる。第二次世界大戦後のフェミニスト・アートの実践してきた身体感覚やおぞましさの表現に近いイメージを、自分の欲望を成就するために他を冷酷に犠牲にする、年老いた醜い魔女たちの儀式の構成要素に見立てる『ヘレディタリー／継承』もまた、オリジナルの文脈に対する敵対性を帯びた「アプロプリエーション」を、フェミニスト・アートに対して実践している側面は否定しがたい。

二〇一〇年代後半のハリウッド映画産業に対しては、個々の映画作品の内容のみならず、全般的な製作体制に対しても、性差別の是正に向けた内外からの要請が高まってきた。いまだに圧倒的に少ない女性監督。スターのギャラをはじめとする賃金・待遇面の男女格差。ヘアメイクアーティストはじめ伝統的に「女性的」とみなされてきた技術職が、「男性的」とみなされてきた技術職に対して下位に置かれる傾向。従来は当然自然とみなされてきたそうした事態が、改めて「問題」として意識されるようになり、メジャースタジオが女性監督を起用せず、権威ある映画賞が女性監督作品をノミネートすらしないという事態に対して批判が集まるという新たな状況が到来しつつある。また、一九九〇〜二〇〇〇年代を代表するプロデューサーのひとりだったハーヴェイ・ワインスタインによる性加害に対し、二〇一七年に複数の被害者女性が告発を行ったことに端を発する #MeToo ムーブメントは、映画産業における性加害とハラスメントに対して、被害者側が公に行う告発を尊重・支援し、従来の傍観と沈黙を脱して、根本的な解決に向けて協働すべきであるとする機運が、かつてなく盛り上がるきっかけとなった。

二〇一八年公開の『サスペリア』及び『ヘレディタリー／継承』では、こうした現実の性差別の問題が、ある意味で「解決」される。そこでは創造的な力をもつ女性「アーティスト」たちが覇権を握り、男性の加害責任は徹底的に糾弾され、苛酷な懲罰が与えられる。しかし、そこはフェミニストのユートピアではなく、恐怖と罪悪感を通じて弱者をコントロールし、過大な犠牲を強いる力がとめどもなく濫用される、地獄めいた世界である。一九七〇年代のフェミニズムは、ホラー映画をポルノと同様の「反女性的」ジャンルとして糾弾したが、一九八〇年代以降のフェミニスト映画批評は、それとほぼ同じ作品群に、フェミニズムが取り組むべき性的差異と権力の問題についての看過しがたい洞察を見出した。それに対して、本章で検討してきた二〇一〇年代後半のホラー映画は、ある意味ではフェミニズムの求めた「問題解決」が実現した後の世界を、おぞましい恐怖そのものとして映し出す。
フェミニズムとホラーの関係は、現在もなお一筋縄ではいかない緊張を孕んでいるが、ホラー映画とは、性的差異と権力の関係から生じる恐怖を扱うことで、「文化的な問題解決方法」を探るジャンルであるがゆえに、フェミニスト批評の対象として重要である、という知見は今もなお有効性を保っているだろう。本章で取り上げてきた作品群は、「フェミニズム的なホラー」とは言いがたいかもしれないが、リメイク版『サスペリア』のルカ・グァダニーノ監督は、本作は「大いなるフェミニズムの映画です」[18]とインタビューで語っているように、ある意味で「フェミニズムについてのホラー」ではあると。フェミニストにとって適正な、もしくは心地よい「フェミニズム」が映し出されるわけではないが、そこに映し出される像を注視することは、次の問いに対する思考の助けとはなるだろう。今、社会はフェミニズムというものを、どのように恐れているのか?

**註**

[1] Barry Keith Grant, "Introduction," *The Dread of Difference: Gender and the Horror Film*, second edition, Barry Keith Grant ed., Austin: University of Texas Press, 2015. 1.

［2］Barbara Creed, *The Monstrous-Feminine: Film, Feminism, Psychoanalysis*, London: Routledge, 1993.

［3］『スナッフ／SNUFF』については、主に次の論文を参照した。Eithne Johnson and Eric Schaefer, "Soft Core/Hard Gore: Snuff as A Crisis in Meaning," *Journal of Film and Video*, vol. 45, no. 2/3, Summer-Fall 1993.

［4］Ibid., 56.

［5］Linda Williams, "When the Woman Looks," Mary Ann Doane, Patricia Mellencamp, and Linda Williams eds., *Re-vision: Essays in Feminist Film Criticism*, Frederick, Md.: University Publications/American Film Institute, 1983. 引用は次による。*The Dread of Difference: Gender and the Horror Film*, second edition, 34.

［6］Carol J. Clover, "Her Body, Himself: Gender in the Slasher Film," *Representations* No. 20, Fall 1987. 187-228.

［7］Linda Williams, "Film Bodies: Gender, Genre, and Excess," *Film Quarterly*, Vol. 44, No. 4, Summer, 1991. 12.

［8］一九九〇年代後半には、イザベル・ピネドの著書『楽しき恐怖——女性とホラー映画鑑賞の快楽』（Isabel Cristina Pinedo, *Recreational Terror: Women and the Pleasures of Horror Film Viewing*. Albany: State University of New York Press, 1997）、ブリジッド・チェリーの博士論文「ホラー映画の女性観客——観る快楽とファン活動」（Brigid S. G. Cherry, "The Female Horror Film Audience: Viewing Pleasures and Fan Practices," University of Stirling, 1999）など、「ホラー映画とはもっぱら異性愛者の男性観客を対象とするジャンルである」という従来のフェミニスト映画批評・研究の前提を批判し、ホラー映画の女性観客の体験の実態を解明しようと試みた複数の論が発表された。

［9］Martha Shearer, "The Secret Beyond the Door: Daria Nicolodi and Suspiria's Multiple Authorship," Alion Peirse ed., *Women Make Horror: Filmmaking, Feminism, Genre*. Rutgers University Press. 2020.

［10］Gunseli Yalcinkaya, "Luca Guadagnino looked to "forefathers of modernism" for Suspiria sets, says designer," *dezeen*, No. 1 November 2018.（https://www.dezeen.com/2018/11/01/suspiria-sets-luca-guadagnino-modernism-production-designer-interview/）

［11］Hanna Flint, "'Call Me By Your Name' director talks empowering women, his 'Suspiria' remake and not getting to make 'Black Panther'," *Yahoo Movies UK*, 6 February 2018.（https://www.yahoo.com/entertainment/call-name-director-luca-guadagnino-empowering-women-remaking-suspiria-not-getting-make-black-panther-160620484.html?guccounter=1&guce_referrer=aHR0cDovL2JlcmxpbmZpbG1qb3VybmFsLmNvbS8yMDE4LzExL2hpc3RvcnktYXJ0LWVsZXZhdGUtbHVjYS1ndWFkYWdpbm9zLXN1c3BpcmlhLWxlZ2FsLWNvbnNlcXVlbmNlcy8&guce_referrer_sig=AQAAACIjze1pyuItFpdA9BOGS

Q714c1V7Y0b-28v_G28-K2C3Y6IjnifH6MdZJqm_IADiHDhoWIuA2rjLHT96ZQIpNCopx231bOEc5tzhoscici1WDw9y_VlfeHmXgq31u7HYvNvyeg4-7KWoqFyVxg_970mI6Xo9ACvhjbLNzZ_mgP_)

[12] Gene Maddaus, "Artist's Estate Settles 'Suspiria' Copyright Case Against Amazon Studios," *Variety*, 24 October 2018.（https://variety.com/2018/film/news/suspiria-copyright-case-amazon-studios-1202992394/）

[13] 役名は「死（Death）」、スージーの回想場面に登場する実母役と同じマウゴザタ・ベラが演じる。

[14] シルヴィア・フェデリーチ『キャリバンと魔女——資本主義に抗する女性の身体』小田原琳・後藤あゆみ訳、以文社、二〇一七年、一七六頁。

[15] Julie Sanders, *Adaptation and Appropriation*, 2nd edition, Routledge, 2016.

[16] キャロリン・コースマイヤー『美学——ジェンダーの視点から』長野順子・石田美紀・伊藤政志訳、三元社、二〇〇九年、二四〇—二四一頁。

[17] コースマイヤー、前掲書、二四九頁。

[18] ""Call Me By Your Name" Director Luca Guadagnino on the Coming-of-Age Drama and His "Radical Feminist" Remake of "Suspiria" (Interview)," *THE TRACKING BOARD*, 2 January 2018.（https://www.tracking-board.com/call-me-by-your-name-director-luca-guadagnino-on-his-coming-of-age-drama-and-making-a-radical-feminist-remake-of-suspiria-interview/）

# 第8章　破壊神創造
## ――二一世紀のクエンティン・タランティーノ監督作品における「フェミニズムへのフェティシズム」

### 「フェミニズムへのフェティシズム」

米国コミックス史上、最大の人気と最長の歴史を誇る女性スーパーヒーローのワンダーウーマンは、嘘発見テストの開発者としても知られた心理学者ウィリアム・モールトン・マーストンによって創造され、一九四一年末にナショナル・コミックス（後にDCコミックスに合流）の発行する『センセーション・コミックス』誌上でデビューを果たした。

ジル・ルポールによる原作者マーストンの伝記『ワンダーウーマンの秘密の歴史』は、マーストンが一九一〇年代の米国における女性参政権運動の支持者であり、姉マーガレット・サンガーと共に初期のバース・コントロール運動を牽引した活動家エセル・バーンの娘オリーヴ・バーンと、生涯にわたり事実婚状態にあったことを明らかにしている。マーストンが原作を執筆した一九四〇年代のワンダーウーマンのコミックスには、一九一〇年代のフェミニストたちの言論、

「よし、外出するたびにお前をこうやって縛っておこう」
「ぞっとする！　お料理ストーブに鎖で縛りつけるなんて。まったく原始時代の穴居人の考えそうなことね！」[1]

パフォーマンス、イラストレーションや漫画などの画像表現からのアダプテーションが多分に含まれていた。いかなる人間の男性をも凌駕する力をもつ（「麗しきことアフロディテのごとし、聡明なることアテナのごとし――ヘルメスの素早さとヘラクレスの怪力を併せもつ」）女性スーパーヒーローのワンダーウーマンは、しばしば、女性の自由や平等な権利を敵視する性差別主義者の悪漢《ヴィラン》を向こうに回し、女性の権利を守るために闘った。

ワンダーウーマンを、「女性の自由と平等な権利のために戦うフェミニストのヒーロー」として活躍させる一方、マーストンのフェミニズムへの関心は、「緊縛・拘束」への極端な執着とも結びついていた。一九一〇年代のフェミニストのポスターや、著書やパンフレットの挿画、政治漫画などには、当時の社会における女性の権利と自由を奪われた状態を表現するために、鎖や足枷によって拘束された女性の図像が頻出していた。『ワンダーウーマンの秘密の歴史』は、そうした一九一〇年代のフェミニストによる図像表現が、一九四〇年代のワンダーウーマンのコミックスにおける緊縛・拘束場面にも多大な影響を及ぼしている可能性を指摘している。しかし、ワンダーウーマンをはじめとする女性キャラクターたちが、鎖、ロープ、鉄球、手枷足枷首枷、拘束衣等々、ありとあらゆる手段を用いた緊縛・拘束をこうむる毎度のストーリー展開について、ルポールは、「どんな具合に女性の権利を表現しようとしているのか、完全に理解するのは難しい。それはフェティッシュ化したフェミニズムだった」と述べている。[2]

「力強く闘争する女性」と「緊縛・拘束」の組み合わせに魅了された創作者は、ウィリアム・モールトン・マーストンただひとりに留まりはしないはずだ。そうした傾向を顕著に示すひとりとして、たとえば、クエンティン・タランティーノの名を挙げることができるだろう。

とりわけ二〇〇〇年代以降は、ほぼすべてのクエンティン・タランティーノ監督作品に、女性に対する緊縛・拘束描写を見出すことができる。『キル・ビル』二部作（二〇〇三年、二〇〇四年）の最強の殺し屋「ザ・ブライド」（ユマ・サーマン）は、第一部では昏睡状態で病院のベッドに拘束され、第二部では手足を縛られて棺に閉じ込められ、生きたまま埋葬される。『デス・プルーフ in グラインドハウス』（二〇〇七年）の女子グループの一員パム（ローズ・マッゴーワン）は、連続殺人者《シリアル・キラー》スタントマン・マイク（カート・ラッセル）の改造車「デス・プルーフ」の強化ガラス張りの助手席に閉じ込められて責め殺され、もう一組の女子グループのゾーイ（ゾーイ・ベル）は、ダッジ・チャージャーのボンネットに釘付けの状態で、「デス・プルーフ」の猛攻にさらされる。『イングロリアス・バスターズ』（二〇〇九年）のユダヤ人の少女ショシャナ（メラニー・ロラン）は、映画の冒頭で、床下で一切の身動きを封じられた状態で、ユダヤ人狩りのＳＳの機銃掃射にさらされ、一緒にいた家族を皆殺しにされる。『ジャンゴ　繋がれざる者』（二〇一二年）のヒロイン・ヒルディ（ケリー・ワシントン）の本名「ブルームヒルダ」は、ワーグナーの楽劇『ニーベルングの指環』の元ともなったゲルマン神話に登場する、炎に包まれて眠りながら、自分を目覚めさせる英雄の訪れを待つヴァルキューレのブリュンヒルデに由来するが、その名の通りに、最初の登場場面では、ヒルディは「ホット・ボックス」と呼ばれる鉄の棺状の箱に閉じ込められ、灼熱の炎天下に放置される責め苦を受けている。『ヘイトフル・エイト』（二〇一五年）の盗賊デイジー・ドメルグ（ジェニファー・ジェイソン・リー）は、賞金稼ぎルース（カート・ラッセル）に捕えられ、右手首を手錠と鎖で拘束されて登場し、スクリーンに映る時間の大半を縛られた状態で過ごす。

　一九一〇年代の女性参政権運動のメディアが、自身を縛りつける鎖を断ち切る女性像をたびたび提示してきたように、フェミニズムの語りにおいては、「拘束・緊縛」と「闘争・解放」は対《つい》をなしてきた。したがって、二〇〇〇年代以降のクエンティン・タランティーノ監督作品に頻出する、「拘束・緊縛された女性が、闘争の結果、何らかの形で解放される」というプロセスは、それ自体が「フェミニズム的」といえるのかもしれない。しかし、女性登場人物たちのこうむる「緊縛・拘束」のパターンの尋常ならぬ豊富さと、執拗な描写の持続・反復には、そちらこそが「真の目標」であることを疑わせるものがある。「フェティシズム」が、「本来の目標」からずれた対象に欲望が固着する状態を意味するとすれば、フェミニズムの目標としての「解放」以上に、女性の「拘束・緊縛」状態を描くことに只事ならぬ執着をみせるクエンティン・タランティーノは、やはり『ワンダーウーマン』のウィリアム・モールトン・マーストンと、「フェミニズムへのフェティシズム」を共有する作り手なのではないか。

## 『男性、女性、チェーンソー』から『デス・プルーフ in グラインドハウス』へ

ウィリアム・モールトン・マーストンの傾倒またはフェティシズムの対象が、一九一〇年代の女性参政権運動のフェミニズムだったとすれば、クエンティン・タランティーノにとってのそうした対象は、一九九〇年代のフェミニスト映画批評だったかもしれない。一九九〇年代のフェミニスト映画批評・研究は、従来は正統的な芸術性を欠くとみなされる傾向にあった非古典的な商業的ジャンル映画、もしくは「プログラム・ピクチャー」に注目し、そこから、必ずしも「搾取的」「差別的」というばかりではない、複雑かつ動的な《性》の表象を掘り起こそうと試みた。リンダ・ウィリアムズの『ハードコア』[3]（初版一九八九年）は、『ディープ・スロート』（ジェラルド・ダミアーノ監督、一九七二年）以降のハードコア・ポルノ映画、イヴォンヌ・タスカーの『見世物的身体』[4]（初版一九九三年）は一九七〇年代以降の「アクション・アドベンチャー」映画、キャロル・J・クローヴァーの『男性、女性、チェーンソー』[5]（初版一九九二年）及びバーバラ・クリードの『怪物的女性』[6]（初版一九九三年）はホラー映画を、それぞれに論じた。これらの論者は、

ローラ・マルヴィの論文「視覚的快楽と物語映画」[7]（初出一九七五年）以来のフェミニスト映画批評・研究が、主流の物語映画を支配するジェンダー規範であると考えてきた、「能動的に視る／欲望する／行動する主体としての男性」「受動的に視られる／欲望される／エロティックな見世物としての女性」の非対称的な関係から逸脱し、あるいはそれを覆すようなポテンシャルを、それぞれのジャンル映画に見出してきた。

いわゆる「エクスプロイテーション」映画の一環としての、「レイプ‐復讐もの」をはじめとするエロティックな女性アクション映画や、闘う女性の活躍するホラー映画のサブジャンルとしての「スラッシャー」などに対する積極的な関心を、一九九〇年代のフェミニスト映画批評・研究と、クエンティン・タランティーノは共有してきたといえる。わけても、クローヴァーの『男性、女性、チェーンソー』が、『デス・プルーフ in グラインドハウス』の重要な着想源となったことについては、タランティーノ当人が、『サイト・アンド・サウンド』二〇〇八年二月号に掲載されたインタビュー（聞き手：ニック・ジェームズ）で明言している。

『デス・プルーフ』の、特に「スラッシャー」傾向のより強い前半部分について、最大のインスピレーションの源泉の一つとなったのは、キャロル・クローヴァーの著書『男性、女性、チェーンソー』でした。クローヴァーの本の、「ファイナル・ガール」について、スラッシャー映画におけるジェンダーの役割について論じた章は、これまで読んだ映画批評の中でも最高の文章だと、心底から思っています。この本は私のスラッシャー映画への愛を更新してくれました。この映画で私がやろうとしたことの一つは、クローヴァーの教えてくれたことの応用でした。[8]

ここでタランティーノが言及している『男性、女性、チェーンソー』は、一九七〇年代から八〇年代のアメリカのホラー映画の複数のサブジャンルにおける性的差異の意味について論じた著作だが、とりわけ一九八七年初出の論文「彼女の身体、彼自身――スラッシャー映画におけるジェンダー」を発展させた第一章は、ホラー映画で最後まで生き延びる女性登場人物を意味する造語「ファイナル・ガール」を一般に普及させるなど、学術書としては破格といえる広範な影響を及ぼした。

「スラッシャー（slasher）」、もしくは「スプラッター（splatter）」、「ショッカー（shocker）」等と事後的に総称された、怪物的な連続殺人者が、複数の犠牲者を残酷に殺戮していくプロセスを見せる低予算ホラー映画が、一九七〇年代後半からアメリカ合衆国の映画市場を席巻するに至った発端には、第二次世界大戦後に本格化した、ハリウッド映画産業の「スタジオ・システム」の解体と再編成があった。

第一次世界大戦以降のハリウッド映画産業の国内及び海外市場での覇権を支えた「スタジオ・システム」（撮影所システム）は、映画会社が、自社の撮影所（スタジオ）で、専属雇用契約を結んだ人材を使って映画を量産し、自社の直営または契約下にある劇場チェーンで興行する体制を意味する。映画の企画・製作・配給・宣伝・上映の各部門を垂直統合した少数の大映画会社が、映画市場を寡占支配する体制が確立していたために、一九三〇年代に導入された「プロダクション・コード」に基づく業界内自主規制を、アメリカ合衆国内の一般向けの映画館で公開されるほぼすべての自国映画に及ぼすことも可能だった。しかし、一九四八年に、映画会社が自社の製作した映画のみを上映する劇場チェーンを所有するのは、独占禁止法違反であると認定した「パラマウント判決」を機に、違法化した製作部門と興行部門の垂直統合の分離を余儀なくされたことから、ハリウッドの「スタジオ・システム」の急速な崩壊が始まった。

一九五〇年代を通じて、独立系映画館、芸術的な非ハリウッド映画をもっぱら上映するアートハウス、ドライブイン・シアターなどのニッチな興行場が増加し、「エクスプロイテーション」と通称された、過激な性、暴力、犯罪の描写を呼びものとする、インディペンデントの低予算娯楽映画が、それらの場での上映機会を拡大した。独立系の製作プロダクションと映画館がそれぞれに増加したことは、アメリカ映画の性、暴力、犯罪、宗教等の描写を厳しく規制してきた「プロダクション・コード」の弱体化の一因ともなった。

ロジャー・コーマンをはじめとする独立系のプロデューサーたちは、ハリウッドの労働組合に所属せず、低賃金かつ劣悪な労働条件でも働くスタッフ・キャストを求め、大学で映画を学んだ学生を多数起用した。一九七〇年代に、極度に残酷な殺人場面を呼びものとする低予算ホラー映画が相次いで成功した背景には、スタジオ・システムの解体を機とする、独立系プロダクション及び映画館の勢力の拡大と、それを支えた大学の映画学科出身の若手の存在も大きかった。

一方、米国内のメジャー映画会社の同業者団体である全米映画協会（MPPA：アメリカ映画製作配給業者協会〔MPPDA〕より一九四五年に改組）は、一九六六年以降、映画の内容に応じて年齢による鑑賞制限を設けるレイティング制の導入を進め、六八年には従来の「プロダクション・コード」に基づく映画の事前審査制を廃止し、レイティング制への移行を完了した。

「プロダクション・コード」の廃止は、ハリウッドの古典的ホラー映画の暗示的な恐怖とエロティシズムの美学を衰退させ、より過激で露骨なホラー映画の主流化を一挙に推し進めた。ハリウッドのメジャー・スタジオの作品でも、ロマン・ポランスキー監督『ローズマリーの赤ちゃん』（一九六八年）の悪魔崇拝、ウィリアム・フリードキン監督『エクソシスト』（一九七三年）の冒涜的な言動と汚物の直接的な提示、『オーメン』（一九七六年）の悪魔の最終的な勝利を示唆する結末など、「プロダクション・コード」の支配下では許容されなかった内容のホラー映画が続々と製作され、それぞれに大ヒットを記録した。

一方、「プロダクション・コード」以降の米国のホラー映画を代表するサブジャンル、またはサブタイプのひとつとして、一九七〇年代に一挙に興隆した「スラッシャー」のルーツは、ハリウッドのメジャー・スタジオではなく、インディペンデントの小プロダクションだった。「スラッシャー」の原点は、アルフレッド・ヒッチコック監督『サイコ』（一九六〇年）とみなされているが、一九六〇年代後半から、米国でも盛んに輸入上映されるようになった、ハマー・プロ作品をはじめとする英国のホラー、イタリアのゴシックホラーや「ジャッロ」など、ヨーロッパの娯楽的ジャンル映画の、過激で生々しい流血、肉体の破壊、殺人、死体などの過激な見世物化も、「スラッシャー」に影響を及ぼしたと考えられる。これらの先行作品の影響を受けつつ、「スラッシャー」の基本的なスタイルとパターンを確立したのは、トビー・フーパー監督『悪魔のいけにえ』（一九七四年）と、ジョン・カーペンター監督『ハロウィン』（一九七八年）の、いずれも大学の映画学科出身の作り手によって、インディペンデントで製作された二本のヒット作だった。『悪魔のいけにえ』『ハロウィン』が大ヒットしたことで、同じようなパターンを踏襲したインディペンデントの低予算ホラーが量産された。一九八〇年代には、「13日の金曜日」シリーズ（一九八〇年〜）、「エルム街の悪夢」シリーズ（一九八四年〜）の二大人気シリーズにみるように、「スラッシャー」は比較的低予算でも高収益の見込めるサブジャンルとなり、インディペンデント系のみならず、大手映画会社も同タイプの映画の製作に参入するに至った。

『悪魔のいけにえ』及び『ハロウィン』の第一作では、いずれもラストシーンで男性の救出者が登場し、「ファイナル・ガール」を連続殺人者の襲撃から救う「ラスト・ミニッツ・レスキュー」を引き受けていた。しかし、八〇年代の「スラッシャー」では、最後に唯一生き残った「ファイナル・ガール」が、殺人者に反撃し、打倒するパターンが定着した。『13日の金曜日』第一作（ショーン・S・カニンガム監督）の「ファイナル・ガール」のアリス（エイドリアン・キング）は、最終局面で自らマチューテを握って殺人者と闘い、相手の首を斬り落とす。『エルム街の悪夢』第一作（ウェス・クレイヴン監督）の「ファイナル・ガール」のナンシー（ヘザー・ランゲンカンプ）は、夢の中に現れる殺人鬼フレディ・クルーガー（ロバート・イングランド）を倒すために、ひとりで周到な計略を立てて実行し、単になりふり構わず反撃するのではなく、知恵と工夫によって勝利をおさめる。

「スラッシャー」は商業的には成功しながらも、低俗で有害な最底辺のジャンルとみなされてきた。「スラッシャー」のターゲット・オーディエンスとして想定された若い男性観客は、殺人者に感情移入／同一化し、女性たちを残虐に殺害する体験を共有して楽しんでいるとみなされたことから、「スラッシャー」が現実の女性に対する暴力を促進する可能性が警戒され、一九七〇年代の「第二波」フェミニズムの一環としての「スラッシャー」への抗議運動や、一九八〇年代の英国における「有害ビデオ」の規制強化を求める運動などが起こった。それに対して、クローヴァーは、「スラッシャー」においては、むしろ「観客は自分と同じ性別の登場人物に同一化する」という前提が崩され、観客の同一化の対象が、正体不明の殺人者から、襲われる女性の犠牲者へと揺れ動くプロセスが、ジャンルの楽しみの源となっている可能性に注目した。伝統的で定型的なジェンダーのルールとコードに違反することから、センセーショナルな楽しみを引き出すジャンルとして「スラッシャー」を分析したクローヴァーの論考は、以降のフェミニスト映画批評のホラー観を、大きく転換させるきっかけとなる。

クローヴァーは、「スラッシャー」における、凶器を振るう男性の連続殺人者と、凶器を突き刺され、切り裂かれる女性の犠牲者という図式が、一見すると「能動的男性と受動的女性」の固定されたジェンダー役割を反復しているようでいて、実際にはよりダイナミックな流動性を体現していると述べる。『サイコ』のノーマン・ベイツ（アンソニー・パーキンス）以来、「スラッシャー」の連続殺人者は、何らかの形での女性的もしくは幼児的な性格を付与され、「成人男性」の典型からは逸脱するジェンダー・アイデンティティの持ち主として造形されることがしばしばである。一方、連続殺人者の襲撃に耐えて最後まで生き残る「ファイナル・ガール」は、同じグループの他の女性たちとは明らかに異質なキャラクターを付与され、総じて異性愛に対する関心が薄く、『ハロウィン』のローリー（ジェイミー・リー・カーティス）、『ヘルナイト』（トム・デ・シモーネ監督、一九八一年）のマーティ（リンダ・ブレア）、『悪魔のいけにえ2』（トビー・フーパー監督、一九八六年）のストレッチ（キャロライン・ウィリアムズ）のように、しばしば男性的または中性的な名で呼ばれる。「ファイナル・ガール」は、連続殺人者の脅威と攻撃に、最も長時間耐えなければならない人物であり、怯え、震え、悲鳴をあげ、泣き叫び、傷つけられ、苦痛をこうむるという「女性的」な役割を引き受ける。その一方で、「ファイナル・ガール」は、最終局面ではしばしば自ら武器を手にして連続殺人者と直接対決し、ついには打倒し、自分で自分を窮地から救い出す。

クローヴァーによれば、ジェンダーの混乱を抱えた連続殺人者と、「犠牲を強いられるヒロイン」という女性的役割と、「闘い、勝利し、救出するヒーロー」という男性的役割をひとりで引き受ける「ファイナル・ガール」は、いずれも両性具有的な性格をもつ人物であり、若い男性が多数を占める映画観客の感情移入の対象は、連続殺人者と「ファイナル・ガール」の間を揺れ動き、最終的には唯一の生存者となる「ファイナル・ガール」の主観と体験への同一化を促される。

クローヴァーは、「スラッシャー」の視点と語りはあくまでも男性的なものであり、最後に観客の同一化の対象として生き残る「ファイナル・ガール」は、むしろ「身代わりの男性」というべき存在であると考えた。したがって、クローヴァーは、「ファイナル・ガールをフェミニストの発展形として讃える」見解を、「希望的観測のとりわけグロテスクな表れ」と批判し、「ファイナル・ガールは単に合意の上でのフィクションであり、男性観客が、自分のサドマゾヒスティックなファンタジーを充足するための媒体として彼女を利用することは、おそらく時代を超越した欺瞞である」と述べる。[9] 一方で、「スラッシャー」の主要登場人物のジェンダーは、「典型的男性」と「典型的女性」の二元論に必ずしも固定されず、ストーリーとアクションの展開によってダイナミックに流動し、そして観客の感情移入の対象も、必ずしも自分自身と登場人物の「本来の」性別に即して固定されず、異なるジェンダーを持つ複数の人物の間を揺れ動くポテンシャルをもつことにも、クローヴァーは注目する。ローラ・マルヴィが古典的物語映画について指摘した「能動的主体としての男性／受動的客体としての女性」モデルとも、ジェンダーを決定するのは出生時の生物学的性別《セックス》であるとする見解とも、異質な《性》についての表現を、良きにつけ悪しきにつけ実践してきたジャンルが、「スラッシャー」だったということになる。

キャロル・J・クローヴァーの「スラッシャー」論から、『デス・プルーフ in グラインドハウス』が少なからぬ要素を引き継いでいることは、監督のインタビューを俟《ま》たずとも明らかであるだろう。改造車デス・プルーフを若い女性たちの乗った車に衝突させ、殺戮して回るシリアル・キラーのスタントマン・マイクは、大馬力の改造車で「男らしく」武装し、彼の正体を知らない女性たちを魅了する一方、極度の幼児性と傷つきやすさを隠しもつ、ジェンダーの混沌を抱えた人物として造形される。マイクの標的となる女性たちは、セクシーで、恐怖に震え、悲鳴をあげ、無残に殺害されていくが、クライマックスでは、マイクの襲撃を生き延びた三人の女性

（ゾーイ・ベル、トレイシー・トムズ、ロザリオ・ドーソン）が、銃と鉄パイプとダッジ・チャージャーを武器に、果敢にマイクに逆襲する。最終的に、女性三人組は、マイクをデス・プルーフから引きずり出して、素手で徹底的に叩きのめし、マイクは成熟した「男らしさ」のイメージをデス・プルーフと共に失い、悲鳴をあげ、泣き叫んで許しを請う、哀れな子どもっぽい存在となり果てる。

怪物的な連続殺人者の男性が、最終的に「攻撃的な男性性」を喪失する一方、それを犠牲者となるはずだった女性が引き受けて、「ファイナル・ガール」（この場合は「ガールズ」）となり、敵を打倒して勝利する。クローヴァーが「スラッシャー」のクライマックスの基本パターンとして記述する内容を、『デス・プルーフ』は概ね忠実に踏襲している。連続殺人者と「ファイナル・ガール」が、最終局面では、それぞれ「生得の性」として想定されるものとは異なるジェンダーをまとうというクローヴァーの指摘についても、『デス・プルーフ』は意図的な再現を試みているといえる。

ボンネットから露骨に男根的な金属製エンブレムが突き出たデス・プルーフを、女性たちの乗った車に激突させるというスタントマン・マイクの犯行に、性的な攻撃としての意味があることは明白であり、「マイクがやっていることはレイプ殺人で、性行為です」[10]と、監督自身も説明している。ところが、クライマックスのカーチェイスで、当初は女性三人組の乗るダッジ・チャージャーに、デス・プルーフで攻撃を仕掛けていたマイクが、三人組のひとりキム（トレイシー・トムズ）の携帯していた銃で肩を撃たれ、戦意を失って逃げ出し、報復を決意した女性たちのダッジ・チャージャーに猛追されるシチュエーションになると、連続殺人者と「ファイナル・ガール（ズ）」の間の、性的暴力における能動と受動の役割が、劇的に反転する。ダッジ・チャージャーのハンドルを握るキムは、デス・プルーフの後部への追突をくり返しつつ、「ケツにぶち込まれるのは嫌いか？　思いっきり突っ込んでやるよ。あたしはこの道路でぶっちぎりに発情してるマザーファッカーさ」と叫ぶ。それに対して、性的な攻撃を仕掛ける側から、仕掛けられる側に回ったマイクは、攻撃のたびになすすべもなく悲鳴をあげ、血にまみれてひたすら逃げまどう、「女性的な犠牲者」の役割を延々と担わされる。

『デス・プルーフ』は、一九七〇～八〇年代の「スラッシャー」の再現であるのみならず、「スラッシャー」について論じたフェミニスト映画批評のアダプテーションであるともいえる。とはいえ、本作が「フェミニスト的な映画」であるという判断については、留保が必要となるところだろう。先述したように、キャロル・J・クローヴァーは、「スラッシャー」とは、あくまでも男性的なジャンルであり、「ファイナル・ガールをフェミニストの発展形として讃える」ことは不毛だと断言している。『デス・プルーフ』の「ファイナル・ガール」たちが、ひとりではなく三人の友人同士であり、かつ、単に絶体絶命の立場に追い込まれてやむなく闘うのではなく、より能動的に状況を楽しむことは、本作が二〇世紀のスラッシャーとは一線を画しているといえる点かもしれない。とはいえ、彼女たちは、マッスルカーを駆って敵の車を追い詰め、「ケツにぶち込む」カーチェイスや、素手の殴り合いを、いわば「男らしく」楽しんでいるともいえる。彼女たちのグループの中で、最も「女性的」な趣味（「『プリティ・イン・ピンク』が大好き」）を表明し、チアリーダーのコスチュームを身につけたリー（メアリー・エリザベス・ウィンステッド）は、当初からどことなく浮いた存在として扱われ、他の三人がダッジ・チャージャーに試乗するにあたり、本人の意志とは関わりなしに、中古車オーナーに「話し相手」としてあてがわれて置き去りにされ、その後のカーチェイスには参加しない。リーと共にグループの「女らしさ」が排除され、残る三人が「男らしく」暴力を行使しかつ楽しみ、勝利するという『デス・プルーフ』の後半の展開は、「ファイナル・ガール」とは、結局のところは男性観客の同一化の対象としての「身代わりの男性」だとするクローヴァーの指摘から、それほどはかけ離れてはいないのではないだろうか。

また、「ファイナル・ガール」となった女性たちが、受動的犠牲者の立場から解放され、能動的に楽しむ一方、スタントマン・マイクの「男性的な」欲望と快楽は破壊され罰されるという意味で、『デス・プルーフ』の後半の展開は「フェミニスト的」であるとみなすことにも、やはり留保が必要となるだろう。『デス・プルーフ』の前半のテキサス州オースティン編では、殺人者スタントマン・マイクの欲望は完全に満たされ、大いなる楽しみが与えられる。後ほど彼の犠牲となる女性たちのグループと、バーで最初に顔を合わせた時、マイクは映画業界に関わりのあるチャーミングな大人の男性としてふるまい、その場の女性たちをこぞって魅了する。〝バタフライ〟ことアーリーン（ヴァネッサ・フェルリト）は彼のためにセクシーなラップダンスを踊り、パムは家まで彼の車で送ってほしいとねだる。最終的には、マイクはパムを強化ガラス張りの助手席に閉じ込めて、デス・プルーフを暴走させ、アーリーンたちの車に激突させて皆殺しにするが、自分自身もクラッシュによって瀕死の重傷を負う。後半のテネシー州レバノン編では、マイクはデス・プルーフで襲撃しようとした女性たちに逆襲され、打倒されるが、もしマイクの楽しみが、「デス・プルーフを女性たちの乗った車とクラッシュさせる」「女性たちを殺戮する」、そして「自分自身もクラッシュによって重傷を負う」のセットから成り立っているとすれば、レバノン編でも、「女性たちの殺戮」以外のプロセスはすべて実現している。したがって、レバノン編のラストシーンで、女性三人組に取り囲まれ、素手で叩きのめされるとき、マイクの欲望と快楽は完全に破壊されたのか、それとも何かしら満たされるところがあったのか、実際のところを見極めるのは困難である。

## 復讐する「ガラテイア」

女性に大いなる害をなした男性に対し、生き延びて力を得た女性が逆襲し、打倒するが、その結末において、男性側が何かしらの満足を味わっている疑いは残る。『デス・プルーフ in グラインドハウス』のみならず、二一世紀のクエンティン・タランティーノ監督作品では、同様の展開がたびたび反復されてきた。たとえば、『キル・ビル』二部作は、結婚式のリハーサルを襲撃されて、新郎以下参列者一同を皆殺しにされ、自分も頭に銃弾を撃ち込まれて昏睡状態に陥った主人公「ザ・ブライド」／ベアトリクス・キドー（ユマ・サーマン）が、四年間の昏睡から目覚めた後に、襲撃を仕掛けた元師匠かつ恋人のビル（デイヴィッド・キャラダイン）と、ビルの率いる

「毒ヘビ暗殺団」への復讐を遂げるプロセスを物語る。しかし、『キル・ビル Vol. 2』の結末で、ビルとキドーが直接対峙した際に、キドーはビルの子を妊娠したことを知り、子どもの将来のために殺し屋稼業から足を洗う決意をして、ビルの元を離れた顛末が語られる。対話を交わした後に、ビルとキドーは日本刀とカンフーで対決するが、キドーが五指で敵のツボを突いて心臓を止める秘技五点掌爆心拳で、ビルを倒す。

『キル・ビル Vol. 2』の結末で、ベアトリクス・キドーのビルに対する復讐はついに成就するが、しかし、その一方で、彼女の自分に対する愛は失われたわけではなく、出奔と他の男性との結婚は、ひとえにビルとの間の子どもを守るためだったことを、ビルは知ることになる。『キル・ビル Vol. 2』は「ラブストーリー」であると一般に認識されているが、自分に対して甚だしい害をなした男性に対する女性の復讐は、最終的に、ひとたび失ったと誤解していた愛を取り戻す、という恵みを男性側にもたらして終わる。

また、『キル・ビル』二部作のビルは、ベアトリクス・キドーの恋人で、彼女が妊娠・出産する子どもの父親であるのみならず、彼女が所属していた「毒ヘビ暗殺団」のボスであり、そして、彼女を最強の殺し屋「ブラック・マンバ」として鍛え上げた師匠でもあった。彼の率いる暗殺団を去り、結婚し子どもを産むというキドーの選択は、スーパーマンがスーパーマンであることを放棄し、平凡な地球人で、「弱く、不安定で、臆病な」クラーク・ケントのアイデンティティを選ぶのも同然だった。その選択こそが自分の心を打ち砕き、彼女の頭に向けて引き金を引かせたのだ、と、ビルは語る。しかし、キドーが行く手を阻む相手すべてを打ち負かし、ビルに対する復讐を遂行したことは、彼女が「クラーク・ケント」ではなく「スーパーマン」に他ならないことの証明ともなり、彼女のビルに対する愛が証明されたことと併せて、ビルの心を打ち砕いた要因は、最終的にことごとく取り除かれる。キドーの五点掌爆心拳で心臓を止められながらも、ビルは晴れやかな心で死を迎える。

『キル・ビル』二部作のビルは、自らの手で理想の女性を創造するという、いわば「ピュグマリオン」の役を引き受けるが、彼の「ガラテイア」[11]としてのベアトリクス・キドーが期待を裏切り、「スーパーマンではなくクラーク・ケント」となろうとしたことに憤怒し、自らの手で「ガラテイア」を死に至らしめる。しかし、死の硬直状態から甦った「ガラテイア」は、彼が望んだ通りの超人的な戦士であり、かつ彼と彼との間にもうけた子どもを愛する恋人であることを、彼に対する復讐を介して証明する。「ガラテイア」が「ピュグマリオン」に対する復讐を遂行するという点においては、古典古代のピュグマリオン物語が大幅に更新されているとみることもできるかもしれない。しかし、「ピュグマリオン」が理想の女性としての「ガラテイア」を創造し、そのことで自らの望みを成就させるという筋書き自体は、実際のところは維持されているのではないか。

男性が、自分を破壊する復讐者としての女性を、自分自身の手で創造する、という『キル・ビル』二部作の筋書きは、その後のタランティーノ監督作品でもしばしば反復される。「スラッシャー」の連続殺人者は、選別と攻撃（またはその失敗）をくり返すことで、傷つきやすい若い女性を、屈強な「ファイナル・ガール」へと作り変える。あるいは、『イングロリアス・バスターズ』の「ユダヤ人ハンター」ことハンス・ランダ大佐（クリストフ・ヴァルツ）は、フランス人農家に匿われ、床下に隠れていたユダヤ人一家を皆殺しにするが、唯一床下から脱出して走り去ろうとする一家の娘ショシャナの背中に向けて銃を構えつつ、なぜか引き金を引くのをやめ、「オールヴォワール・ショシャナ！」と声をかけて見送る。この時のランダ大佐の行為が、復讐者としてのショシャナを誕生させることになる。

家族を虐殺され、唯一脱出したショシャナは、欧州大戦末期の一九四四年には、独軍占領下のパリにて映画館経営者となっている。ナチス・ドイツの総力を挙げて製作された国策プロパガンダ映画『国家の誇り』の首都プレミア上映会場に自館が選ばれ、当日はヒトラー、ゲッベルス、ゲーリング以下のナチス・ドイツ政府高官が列席するという機会を得たショシャナは、恋人マルセルの助けも借りて、プレミア上映時に発火性のニトロセルロースフィルムに火を放ち、観客たちをことごとく焼き尽くす復讐計画を立てる。計画実行の際に、ショシャナは映写室での銃撃戦で命を落とすが、一方、それまで観客席のナチスたちに向けて、プロパガンダ映画を映写していたスクリーンには、ふいにショシャナの顔が超クロースアップで映し出され、「私の顔を見るがいい。お前たちを殺すユダヤ人の顔だ」と語りかける。その瞬間に、マルセルの手によって、スクリーン裏に山積みにされた可燃性フィルムの山に火が放たれ、爆発的な火災と殺戮が始まる。『イングロリアス・バスターズ』のショシャナは、クライマックスで復讐を成就させるにあたって、文字通りに「映画」と一体化する。「理想的な復讐者としての女性を創造する」ピュグマリオン的な夢とは、映画の作り手の夢に他ならなかったことが明示される瞬間だが、ピュグマリオンの夢が壮麗に成就する一方、復讐者としての女性の望みは、果たして真に成就したといえるのだろうか。ショシャナの復讐の直接の対象たるべきランダ大佐は、いち早く映画館での暗殺計画を察知した上で、それを黙認する見返りとして、米軍に自分の保護と米国亡命を認めさせる取引を済ませ、すでにその場を逃げ去っている。また、登場場面では、農家の床下の狭い空間に身を潜めていたショシャナは、ラストシーンでは映写室で射殺され、フィルムとスクリーンに捉えられた彼女のイメージは、映画館ごと燃え尽きてゆく。つまり、冒頭からラストシーンに至るまで、ショシャナが小さな閉鎖空間に拘束された状態は継続し、彼女が真に安全な開放空間に解き放たれる瞬間は、ついに訪れることはない。

二一世紀のクエンティン・タランティーノ監督作品が、一九九〇年代のフェミニスト映画批評・研究と関心を共有していることは確かであり、女性に対する拘束・緊縛、「有害な男らしさ」にとらわれた男性からの女性に対する加害、それに抵抗して自ら闘い勝利するパワフルな女性、といった「フェミニスト的」モチーフを好んで扱う傾向も確実にある。しかし、家父長制が女性に対して強いてきた不平等と抑圧から女性を解放し、女性にとっての共通の利益を促進するのがフェミニズムの目的であるとすれば、これまで見てきたように、「女性の復讐が、最初に彼女に害をなした男性の欲望と快楽を必ずしも破壊せず、むしろそれを満たすために利用される」タランティーノ監督作品の方向性は、その目的に直接的に資するものとは言いがたいだろう。『ワンダーウーマン』のウィリアム・モールトン・マーストンの「フェミニズム」が、「フェミニズムへのフェティシズム」というべき、いささか奇妙なものであったのと相通じる気配が、クエンティン・タランティーノの「フェミニズム」にも宿っている。

『キル・ビル』公開時のインタビューで、インタビュアー（『エンターテインメント・ウィークリー』のメアリー・ケイ・シリング）の『レザボア・ドッグス』を見たときは、あなたをフェミニストと認めることになるとは思いませんでした。しかし、ジャッキー・ブラウンと、ザ・ブライドは、ジャンル映画に登場した最も多面的な女性キャラクターです」という発言に対し、タランティーノは「フェミニストと称されるのは妙な（weird）気がします。『フェミニスト』という言葉を悪魔化して考えているからではなく、ただ、それはもっと女性的な、女性に対して当てはめられる呼称ではないかと思うからです」と答えている。[12]「フェミニズムそのもの」と、「フェミニズムへのフェティシズム」の間に明確な一線を引くことは元より困難であり、クエンティン・タランティーノを「フェミニスト」と呼ぶことは不可能であるということもできないだろう。一方で、キャロル・J・クローヴァーが、ホラー映画の「ファイナル・ガール」を、単純にフェミニズムの進歩の成果とみなして評価するアプローチに対し、「希望的観測のとりわけグロテスクな表れ」と批判したことの意味は、現在も改めて考慮するに値するものだろう。映画において女性の行使する暴力は、はたして当の女性の抱える困難な問題を解決し、拘束や抑圧から解き放つ手段たりうるのか？　それとも女性とは別の利害関心をもつ何者かを益しているにすぎないのか？

『デス・プルーフ in グラインドハウス』と、当初は二本立てで公開された『プラネット・テラー in グラインドハウス』（ロバート・ロドリゲス監督、二〇〇七年）とをリリースしたディメンション・フィルムズは、ボブとハーヴェイのワインスタイン兄弟が所有するレーベルのひとつであり、一九九〇年代後半から二〇〇〇年代にかけて、「スクリーム」シリーズ（一九九六年〜）、「最終絶叫計画」シリーズ（二〇〇〇年〜）、などをヒットさせ、一九八〇年代をピークに衰退しつつあった「スラッシャー」の現代化と再生に大きな役割を果たした。

ディメンション・フィルムズの「スクリーム」シリーズや、『デス・プルーフ』は、いずれも九〇年代のフェミニスト映画批評・研究の成果を意識的に参照することで、ジャンルを更新したと評価された。そこには「ファイナル・ガール」にあたる女性キャラクターが複数登場し、より強力なポテンシャルと主体性を発揮した。しかし、レーベルの創設者のひとりハーヴェイ・ワインスタインは、長年にわたって職場での性的暴力とセクシュアル・ハラスメントをくり返し、周囲もそれを黙認していたことが、『スクリーム』と『デス・プルーフ』に出演したローズ・マッゴーワンをはじめとする多数の被害者女性たちによって二〇一七年に告発され、それが #MeToo 運動の始動の重大なきっかけとなったことは、いまだに記憶に新しい。怪物的な男性の攻撃に対して、反撃し、勝利をおさめる「ファイナル・ガール」の力強いヒーロー性を前面に出した新しいタイプの「スラッシャー」の製作者は、現実には女性に対する性加害者だったということになる。

ディメンション・フィルムズの「スラッシャー」の商業及び批評的な成功は、「フェミニズム的」な記号やシンボル、パターンを熟知し、巧みに使いこなせる能力は、現代のコンテンツ市場での競争において有利に作用することの証左であるとはいえる。一方、そうした能力が、職場や産業のシステマティックな性差別を撤廃し、女性が現実に直面している問題を解決する方面に役立てられるという期待は得てして裏切られることを、ディメンションのボスたるハーヴェイ・ワインスタインの実際の行状は、示唆してはいないだろうか。

## 註

[1] William Moulton Marston, H. G. Peter, "The Return of Diana Prince," Sensation Comics, No.9, September 1942.

[2] ジル・ルポール『ワンダーウーマンの秘密の歴史』鷲谷花訳、青土社、二〇一九年、三二九頁。(Jill Lepore, *The Secret History of Wonder Woman*, Alfred A. Knopf, 2014.)

[3] Linda Williams, *Hard Core: Power, Pleasure, and the "Frenzy of the Visible"*, Berkeley: University of California Press, 1989.

[4] Yvonne Tasker, *Spectacular Bodies: Gender, Genre and the Action Cinema*, London: Routledge, 1993.

[5] Carole J. Clover, *Men, Women, and Chain Saws: Gender in the Modern Horror Film*, Princeton, New Jersey: Princeton University Press, 1993.

[6] Barbara Creed, *The Monstrous-Feminine: Film, Feminism, Psychoanalysis*, London: Routledge, 1993.

[7] Laura Mulvey, "Visual Pleasure and Narrative Cinema", *Screen* Vol. 16, No. 3, Autumn 1975, pp. 6-18.

[8] Gerald Peary ed., *Quentin Tarantino: Interview / Revised and Updated*, Jackson: University Press of Mississippi, 2013. 142.

[9] *Men, Women and Chainsaws: Gender in the Modern Horror Film*. 53.

[10] *Quentin Tarantino: Interview*. 140.

[11]『キル・ビル Vol. 1』の冒頭で、病院での四年間の昏睡状態から覚醒したキドーは、昏睡中の自分の身体をレイプし、他の男たちにも売っていた看護士のバックを殺害して脱出するにあたり、まず、硬直して動かない両足の親指を必死で動かそうと試みる。この場面には、オウィディウス『変身物語』に記されたピュグマリオンとガラテイア

の物語で、ガラテイアの彫像が、硬直した象牙から、柔らかな人間の女性の肉体へと変身してゆくプロセスとも重なり合う、女性の身体イメージの表現を見出すことができるかもしれない。

〔12〕*Quentin Tarantino: Interview*. 134.

# V　アニメキャラの破格の魅力

アニメにファンを惹きつける最も強力な要素は、「キャラ」であることは間違いないが、「アニメキャラ」は、外観においても行動においても、型にはまった「女らしさ」「男らしさ」を表現し、二元論的なジェンダーのステレオタイプを強化している、といった批判の対象にもなってきた。

しかし、最も人気を集めてきたアニメキャラは、多くの場合、典型的な「女らしさ」「男らしさ」から逸脱した破格の存在ではないだろうか。『太陽の王子 ホルスの大冒険』(一九六八年)のヒルダは、「ヒロイン」には似つかわしくない「悪の心」をもち、結婚し子育てをする「女らしい」ロールモデルに対して強い拒否反応を示し、攻撃を仕掛ける少女だった。ヒルダは、日本のアニメ史上かつてない複雑な人格をもつキャラクターとして、かねてより評価されてきたが、観客の恋愛感情の対象となりうるキャラとしても、おそらく最古の部類に入るひとりでもあった。原作・脚本を担当した深沢一夫からして、「ヒルダにほれてた」と語り、一般公開終了後も、全国の映画サークルなどで継続された自主上映が、ヒルダの熱狂的なファンを生み出す機会となった。

あるいは『風の谷のナウシカ』(一九八四年)のナウシカは、他の登場人物には及びもつかない突出した戦闘能力と問題解決能力を発揮するばかりか、自分ひとりの秘密の研究室で知的活動に没頭するという、従来のフィクションの女性キャラクターの多くには与えられなかった能力と資源を、最初から持ち合わせていた。ナウシカは、異性の相手役のサポートをほぼ必要とせず、男性陣にはついていくことのできない行動力を発揮して単身で突き進む点においても、当時としては異色の少女キャラクターだった。さらに、そんなナウシカに特別に関心をもち、距離を詰めようとしてはすげなく撥《は》ねつけられる敵国の皇女クシャナとの関係も、アニメに登場する「女同士」の関係の型にははまらないものだった。

あるいは、『ハウルの動く城』(二〇〇四年)のハウルは、長髪、大きな目、濃いまつげ、スレンダーな体格、華美な衣装といった「美少年」キャラらしい外観のみならず、手際よく料理をこなし、自分の容姿の美しさの価値を自覚してメンテナンスにこだわり、怖がりで臆病な側面をもち、精神的な弱さを隠そうとしない、性格や行動面でも数々の「男らしくない」特徴をもつキャラクターだった。しかし、ハウルの「男らしさ」を欠く個性は、「欠点・欠陥」としてではなく、むしろ他にはない魅力として好意的に受容され、日本のみならず、海外においても、ハウルに直接恋愛感情を感じたことを認める多数のファンを生み出した。

これらの作品群の創造において中心的な役割を担った二人の作家、高畑勲と宮崎駿は、いずれも本人インタビュー等では、都会でのキャリアに見切りをつけて、農村で出会った好青年と結婚するヒロインの生き方の肯定、ヒロインを救出し、守ることに命を賭ける少年ヒーローと、いちずに彼を慕うヒロインの古典的な関係へのノスタルジア、といった、むしろ保守的ともいえるジェンダー観をたびたび開示してきた。しかし、両者の創り出した作品中でも特に高い人気を得たキャラたちは、いずれも伝統的・古典的なジェンダーの規範からは逸脱した、破格の存在ばかりといっていい。

以降の各章では、高畑勲、宮崎駿の代表作の『太陽の王子 ホルスの大冒険』、『風の谷のナウシカ』、『ハウルの動く城』を例に、これらの映画に登場する彼／女たちの破格の魅力と、周囲との一筋縄ではいかない人間関係の分析を試みる。

# 第9章　美しい悪魔の妹たち

## ――『太陽の王子　ホルスの大冒険』にみる戦後日本人形劇史とアニメーション史の交錯

### 「瀬川拓男さんのところへ行くそうですね」

「瀬川拓男さんのところへ行くそうですね[1]」。

二〇一八年四月五日に逝去した高畑勲の「お別れの会」で、宮崎駿の読み上げた追悼文によれば、高畑と彼とが最初に交わした会話は、この一言から始まった。一九六三年、東映動画に入社して間もない二二歳の宮崎駿は、人形劇団太郎座の主宰者だった瀬川拓男に、職場での講演を依頼に行く役目を負い、それを知った先輩の高畑が声をかけてきたのだという。

その後、高畑勲と宮崎駿は、東映動画労働組合で共に活動し、創作上のパートナーシップを確立し、やがて戦後アニメーション映画史の一時代を築いてゆくことは周知の通りだが、その両者の交際は、「瀬川拓男」についての話題から始まったということになる。瀬川拓男、児童文学者松谷みよ子の公私にわたるパートナーにして、「ちいさいモモちゃんとアカネちゃんのパパ」。人形劇と紙芝居を駆使する文化工作者。街頭紙芝居作家組合の事務局長として新旧の紙芝居作家と交流し、下町の子ども会活動に取り組み、松谷と共に日本各地の民話採訪の旅をし、人形劇団太郎座を立ち上げた。[2] この神出鬼没のオルガナイザーの名が、高畑勲と宮崎駿の最初の接点となったという宮崎の回想からは、東映動画の「漫画映画」と、同時代の他の児童文化ジャンルとを結びつけていた多元的なネットワークの一端が垣間見える。

瀬川拓男の活動に対し、若き日の高畑勲の抱いていた関心の痕跡は、高畑が最初に演出を手がけた東映動画の長編漫画映画『太陽の王子 ホルスの大冒険』(一九六八年)の企画〜製作に至るプロセスから、完成した作品の内容に至るまで、随所に見出すことができる。一九六五年三月に、東映動画の長編劇場用映画としては一〇作目となる次回作の作画監督を打診された大塚康生は、その任を受ける条件として、高畑勲を演出に抜擢することを申し入れ、採用された。その際に、大塚と高畑が会社に提出した当初の企画は、瀬川拓男と松谷みよ子による民話採訪の成果のひとつである創作民話『龍の子太郎』(松谷みよ子作、講談社、一九六〇年)の映画化だった。[3] 高畑勲の演出、大塚康生の作画監督による『龍の子太郎』の映画化企画は、結局廃案となったが、それに代わって、瀬川も創立に関わった人形劇団・人形座の民話劇『春楡《チキサニ》の上に太陽』が原作に選ばれ、高畑勲演出作品『太陽の王子 ホルスの大冒険』の製作が始動した。『ホルス』のシナリオ執筆は、原作『春楡の上に太陽』の作者である元人形座文芸部員の深沢一夫が担当した。また、『ホルス』のキャラクター・デザインや作画は、かつて瀬川の紙芝居仲間として共同生活を送ったことがあり、太郎座の初期メンバーでもあった白土三平(岡本登)が、マンガ家への転身後に発表した

『カムイ伝』ほかの忍者マンガの絵柄の影響を多分に受けていたことを、複数のスタッフが認めている。[4]

つまり、『太陽の王子　ホルスの大冒険』の成立には、戦後日本の人形劇運動の特定の系譜が深く関わっていたということになる。さらに、原案となった『春楡の上に太陽』を、一九五九年夏に上演した人形座は、当初は国民的歴史学運動の人形劇部門というべき役目を担って立ち上げられた人形劇団だった。つまり、日本共産党が一九五一年に決定した「民族独立」「民族解放」を基本方針とするいわゆる「五一年綱領」及びそれに基づく「文化闘争」方針に呼応して始動した、左翼の文化・学術運動としての国民的歴史学運動と、一見したところ遠く隔たった一九六八年公開の『太陽の王子　ホルスの大冒険』は、人形座の民話人形劇を介して、直接的に繋がりあっていた。

『太陽の王子　ホルスの大冒険』の時点では、「アニメ」、「アニメーション」ではなく「漫画映画」と呼ばれていた東映動画の長編作品は、他と明快な境界によって隔てられた独立した領域ではなく、外部のさまざまな運動や文化との交流を通じて、新たに自己を形成しつつある途上にあった。人形座の民話人形劇『春楡の上に太陽』との繋がりを通じて、『太陽の王子　ホルスの大冒険』を成立させた多元的なメディア間の交流を探ることが、本章のさしあたっての目的である。

## 国民的歴史学運動と「民話」

一九四五年の大日本帝国の無条件降伏と連合軍による日本占領開始以後、合法化された日本共産党は、占領軍を「解放軍」として受容し、「平和革命」をめざす路線をとった。しかし、国際的な冷戦の緊張の深刻化もあって、四八年頃から占領政策はいわゆる「逆コース」へと転じ、占領初期には比較的融和的だった占領当局と日本共産党との関係は、顕著に悪化していった。また、五〇年一月、ソ連共産党の指導下にあった国際共産主義運動の連絡機関コミンフォルムの機関紙に、日本共産党の「平和革命」路線を批判し、アメリカ帝国主義との対決を要求する論文が掲載されたことから、共産党内部では、国際批判への対応をめぐり、いわゆる「主流派」(「所感派」)と「国際派」をはじめとする複数分派の対立が深刻化した。

その後、コミンフォルムによる「国際派」批判を追い風に、党内の主導権を掌握した主流派は、一九五一年一〇月の第五回全国協議会(五全協)において、「日本共産党の当面の要求——新しい綱領」(通称「五一年綱領」)を採択した。「五一年綱領」は、「終戦後、日本は、アメリカ帝国主義者の隷属のもとにおかれ、自由と独立を失い、基本的な人権をさえ失ってしまった。現在、わが全生活——工業、農業、商業、文化等はアメリカ占領軍当局によって、管理されている」との現状認識を示したうえで、当時の吉田茂政権を「アメリカ帝国主義者による日本の民族的奴隷化のための政府である」と定義し、「日本の解放と民主的変革を、平和の手段によって達成しうると考えるのはまちがいである」として、組織的な武装闘争の可能性を含む「民族解放民主統一戦線」の強化と発展を訴えた。[5]

日本共産党の武装闘争路線は、翌五二年には破綻が明らかとなり、五五年の第六回全国協議会（六全協）で公式に自己批判が行われた。しかし、一九五〇年に国鉄大井工場レッド・パージ反対闘争のさなかに作られ、「血潮には正義の血潮もて叩き出せ／民族の敵　国を売る犬どもを」の激烈なフレーズを含む《民族独立行動隊の歌》は、道場親信によれば「「五一年綱領」的世界像が簡潔に歌い込まれている」革命歌だったが、[6]五二年以降も、五四年の日鋼室蘭争議、五五～五六年の砂川闘争をはじめ、多くの労働運動・社会運動の現場で愛唱された。「五一年綱領」が失効した後も、《民族独立行動隊の歌》が歌い継がれたことは、「アメリカ帝国主義による日本の植民地化・軍事基地化」に対抗する「民族解放」「民族独立」が、社会運動を牽引する大義としての力を保ちつづけたことを示している。

日本共産党の「主流派」の指導を受けた文化・学術運動を代表したのが、民主主義科学者協会（民科）の歴史部会と、その機関誌『歴史評論』を拠点として、一九五一年に始動した国民的歴史学運動だった。[7]国民的歴史学運動は、戦後日本は、「アメリカ帝国主義とアメリカ資本の侵略にさらされ、「植民地的文化」に支配されつつある」との認識のもと、民衆の視点による「国民・民族」の歴史と文化の再発見、もしくは再構築を志向した。

国民的歴史学運動に参加した大学の研究者や学生は、勤労者の労働／生活空間に入り込んで「民族の歴史」を啓蒙する一方、地元の歴史、職場の歴史、家の歴史についての、当事者に近い立場からの語りや記録の掘り起こしを呼びかけようとした。そうした活動の一環として、従来

「昔話」や「民間説話」と呼ばれた民間の口承物語が、「民話」と呼ばれて注目を集めた。国民的歴史学運動が「民話」を高く評価する重要なきっかけのひとつが、昔話「鶴の恩返し」に基づく木下順二作の新劇『夕鶴』(山本安英主演、ぶどうの会)が、一九四九年に初演され、画期的な成功をおさめたことだった。五二年二月、民科歴史部会の主宰により、木下順二、山本安英、演出家岡倉士朗、歴史学者松本新八郎らのメンバーが参加する「民話の会」が発足した。「民話の会」は、日本各地の民話を掘り起こし、研究し、「今日の民族文化の中に新しく生かし継承してゆく」[8]ことを活動目標として掲げ、最初期の段階から会に参加していた瀬川拓男と松谷みよ子も、この目標を受けて民話採訪の旅を開始した。ほぼ同時期に、歴史学や民俗学の研究者、芸術家、観客としての勤労大衆を繋ぐことを目的として「民族芸術を創る会」が結成され、その最初の成果としての民話人形劇『あのさま』(木村次郎作)は、五二年四月、「国民的科学の創造と普及」のスローガンを掲げて開催された民科歴史部会総会にて、木村次郎を中心に結成された人形座と、瀬川拓男が指導していた片倉工業人形劇サークルの合同により上演された。[9]

『歴史評論』一九五二年一〇月号に山野洋子が寄稿した「民族芸術を創る会」の活動報告によれば、会に参加している複数の創作グループや学生・職場サークルなどは、民話劇のみならず、版画集、紙芝居、幻灯、資料集の刊行など、多彩なメディア・ジャンルを横断する創作・研究活動を試みつつあった。[10] そうした活動のうちのどれだけが実現し、継続することができたかは見通しがたいが、鳥羽耕史が指摘するように、国民的歴史学運動には「メディアミックス的」な記録と創作への志向が含まれ[11]、また、学問・芸術の専門家と、勤労者である非専門家、都市と農山漁村を結びつける人的ネットワークの形成が試みられた。

日本共産党主流派系の歴史学者と学生を中心とする学術運動としての国民的歴史学運動は、六全協での「極左冒険主義」否定をもってほぼ終焉し、主導的な立場にあった石母田正らは、それぞれに自己批判を行った。小熊英二によれば、「この運動は、多くの人々を傷つけ、歴史学においてはいわば封印された傷痕となった。まれに言及される場合でも、学問にたいする政治の悪しき介入の事例として挙げられることが、ほとんどである」[12]。一方、国民的歴史学運動から派生した多元的な人とメディアのネットワークは、意外な領域へと根を拡げ、意外な成果を結実させた。「民話の会」及び「民衆芸術を創る会」の取り組みに端を発する、民話の発掘と継承、民話に基づく創作活動は、そのひとつの事例といえるだろう。そこからは、瀬川拓男・松谷みよ子の民話採訪の成果であり、一九七〇年代にはTVシリーズ『まんが日本昔ばなし』の原作供給元としても大いに活用された未来社『日本の民話』シリーズ、『龍の子太郎』をはじめとする松谷みよ子の創作民話、人形座及び瀬川拓男の主宰した太郎座の民話人形劇などが生まれ、そして、その延長線上において『太陽の王子 ホルスの大冒険』も企画・製作された。

## 「チキサニ」から「ヒルダ」へ

『太陽の王子 ホルスの大冒険』公開から一六年後に、徳間書店から刊行された『ロマンアルバム・エクセレント60 太陽の王子 ホルスの大冒険』は、シナリオ決定稿、大塚康生と宮崎駿が保管していた制作資料、製作時の社内文書、公開時の宣材など、豊富な資料を収録した一冊だが、同書が「チキサニの太陽」の題で紹介する原案の人形劇『春楡の上に太陽』に関しては、東京公演時のプログラムの表紙のみが掲載され、次の解説が付されている。「残念ながら、人形座は「チキサニ」を上演した後、しばらくして解散してしまい、「チキサニ」の上演も一回きりであったため、この人形劇に関する資料はほとんど現存しないものと思われる。当編集部で入手できた資料はここに掲載したパンフレットだけであった」[13]。

人形劇団人形座は、一九五二年に設立され、六一年頃から活動が不規則となり、六三年に解散している。元メンバーを中心とする「人形座再発見の会」が二〇〇四年に刊行したパンフレット『人形座再発見 1952〜1963』で、おおよその活動史を辿ることが可能だが、個別の上演作品についての資料・情報は乏しい。しかし、『春楡の上に太陽』に関しては、本章の執筆にあたっての資料調査の過程で、ヒロインのチキサニ役を演じた元人形座メンバーの石井マリ子氏にインタビューにご協力いただき、何点かの貴重な資料を新たに見せていただいたことで、従来は知られていなかった同作のディティールを、ある程度把握することができた。

人形座は、結成当初は日本内地の民話を人形劇化して上演していたが、一九五四年に琉球民話に基づく『わらしべ王子』、五六年には朝鮮民話に基づく『つばめのくれた不思議なかぼちゃ』を上演するなど、五〇年代半ば以降は、敗戦以前に「外地」と呼ばれた地域の民話の人形劇化への関心を高めていた。「アイヌ民族叙事詩より」とタイトルに冠された『春楡の上に太陽』も、その一環といえるだろう。深沢一夫が脚本を執筆し、後にNHK教育テレビ『できるかな?』のゴン太君を操演する「中の人」となる井村淳が演出、小室一郎が美術を担当した『春楡の上に太陽』は、五九年七月に初演され、八月にはNHKでテレビ放映もされたが、翌年には「舞台規模が大きく旅上演に不向きのため打ち切り」となったことが、『人形座再発見　1952〜1963』中の年表に記されている。[14]当時の人形座にとって、地方の小中学校での巡業公演が最も重要な収入源となっており、教室での上演に向かない大がかりな舞台装置を必要とした『春楡の上に太陽』は、営業的には失敗だったという。[15]

『春楡の上に太陽』は、深沢一夫が人形座で脚本を担当した作品としては二作目となる。深沢は以前よりアイヌ文化に関心をもち、前年の一九五八年には、『週刊朝日』のミュージカル脚本公募に投稿した脚本『アイヌ恋歌』が一等に入選し、東宝ミュージカルとして舞台化されていた。しかし、東京宝塚劇場での初日（一九五八年二月一日）に、舞台効果が原因で火災が起き、三人の出演者が死亡する惨事となったため、上演は打ち切られ、深沢はしばし失意の日々を送ったという。[16]同時期には、武田泰淳の長編小説『森と湖のまつり』（一九五八年）が、刊行と同年に東映で内田吐夢監督・高倉健主演により映画化され、石森延男の児童文学『コタンの口笛』（一九五七年）が、東宝で成瀬巳喜男監督により映画化（一九五九年）されるなど、「アイヌもの」の流行が到来していた。商業的には成功とはいいがたい結果に終わったとしても、深沢一夫脚本の『アイヌ恋歌』と『春楡の上に太陽』が五八年から五九年にかけて続けて舞台化されたのは、この流行に後押しされた面も大きかっただろう。

『春楡の上に太陽』の公演チラシには、次の「ごあいさつ」が掲載されている。「近年アイヌはブームと言われ、映画に、舞台に、本にと盛んにとりあげられて来ましたが、それらは必ずしもアイヌの民衆のこころを伝えてはくれませんでした。多くの場合、アイヌは滅び行く民族としてその魅力的な美しさがとりあげられるか、又は一つの社会問題と見られていました。／しかしアイヌの民衆が語り伝えた伝承詩は、信じがたい程の完璧な表現で、どんなにかその人々の心や生活が美しく勇ましかったかを知らせてくれます。／かつてアイヌの人々が北海道の大自然の中で、――真夏の太陽と厳寒の吹雪の中で――魚を追いけものを追って山野をかけめぐった、その満ちあふれる生命力を、私達は今の日本の少年少女達に伝えたいと思うのです」[17]。

ここで指摘されるように、他の「アイヌもの」の創作が、存亡の危機に陥ったアイヌ民族の悲哀、あるいは「社会問題」としてのアイヌ民族の現状に注目し、アイヌと和人の関係を軸として物語を構成する傾向にあったのに対し、『春楡の上に太陽』は、内地から和人が到来する以前のアイヌの神話的世界を舞台に、人間＝「アイヌ」と、アイヌに悪意をもつ自然の精霊としての「悪魔」の闘争を物語る。

公演プログラムの深沢一夫の解説によれば、「詞曲『オキクルミと悪魔の子』」を原話とし、それに原話に登場しない悪魔の妹チキサニを加えて脚色したというが、この原話とは、知里幸恵訳『アイヌ神謡集』に「小オキキリムイが自ら歌った謡」、知里真志保・小田邦雄共著『ユーカラ鑑賞』に「オキキリムイの子が所作しながら歌った神謡」の題で収録されている神謡（カムイユカラ）である。オキキリムイ、別名オキクルミとは、「文化神」「人文神」とも呼ばれる人間と親しい神だが、その神に向かって、美しい「悪魔の子」が「遊ぼう」と呼びかけるところから物語が始まる。悪魔の子は、川に矢を射て毒で鮭を根絶やしにし、空に矢を射て巻き起こった風でシカの群を吹き飛ばすが、オキキリムイは銀の矢を射て、川の水を清めて鮭たちを救い、鹿の群をもとの場所に戻し、悪魔の子を打ち負かす。『春楡の上に太陽』は、この原話から、美しい悪魔の子とオキクルミの対決、鮭を根絶やしにする黒い弓矢のイメージなどを借りつつ、湖のほとりのアイヌの部落を滅ぼし、湖を奪おうとする悪魔モシロアシタとその妹チキサニと、部落を守ろうとするオキクルミの闘いの物語として脚色している。

『春楡の上に太陽』は、湖のほとりの春楡の大樹の下で、オキクルミと、不思議な少女チキサニが出会う場面に始まる。赤子のときにそこの樹の下で泣いているところを、部落の長老に拾われた、と身の上を語るオキクルミに、チキサニは自分の名はその樹と同じ「春楡《チキサニ》」だと教え、「あたし達、姉弟かもしれない」「ほら背も同じくらい。きっと双子よ」と言う[18]。自分の部落が疫病で全滅し、独りぼっちになったと語るチキサニを、オキクルミは自分の部落に連れ帰ることを約束する。しかし、オキクルミがその場を離れると、銀の狼に化身したモシロアシタが登場し、真夏の太陽が照りつけはじめる前に、湖のほとりに住まうアイヌを一掃して、湖を自分たちの住処とする企みを語り、チキサニを尖兵として送り出す。

以降、アイヌの部落を滅ぼそうとするモシロアシタと、部落を脅かす悪魔の正体を見極め、打倒しようとするオキクルミ、部落のアイヌたちとオキクルミを離反させるために動きつつも、アイヌの生活に次第に心惹かれて苦悩するチキサニの、三者の対立と葛藤を軸としてドラマは進行する。最後の戦いで、チキサニはモシロアシタの矢からオキクルミをかばって自己犠牲の死に至り、姿を消して襲いかかるモシロアシタを、部落のアイヌたちが一斉にかざす刀の光が照らし出し、オキクルミがその胸を刀で貫く。「悪魔」に滅ぼされようとする村、その村を守って戦う少年英雄、悪魔の手先として村に送り込まれ、少年英雄と村人を離反させようと画策するが、一方で村の生活に愛着を持ちはじめて葛藤する悪魔の妹、『太陽の王子 ホルスの大冒険』のプロットの基本的な構成要素が、ここにはすでに揃っている。

『春楡』は、同時代の「アイヌもの」の中の非典型的作品であったのみならず、人形座の民話劇の中でも異色の作品だった。当時の典型的な敵役としての、農民を苦しめる支配階級の人間ではなく、「美しい悪魔の兄妹」という敵役の造型もまた異色だったといえる。原話とされる「オキキリムイの子が所作しながら歌った神謡」に、「悪魔の子は様子が美しい、顔が美しい。黒い衣を身につけて／クルミの木の小弓に／クルミの小矢を手にもち」[19]と歌われた「悪魔の子」が、台本では、「黒い衣の美少年、モシロアシタ」[20]と記述される。モシロアシタの操演及び声を担当した河合さき子は、「モシロアシタは魅力的な役です。顔の美しさや、心のはげしさに魅せられて、稽古をはじめましたが、その美しさやはげしさが強ければ強いほど、非人間的なのだと思います」と公演プログラムで語っている。[21]人間の営みを阻む自然の悪意を擬人化したような美しく激しい「悪魔」と、人間の側に立とうとする少年神との闘いを、人形劇という舞台表現様式を用いてドラマ化する試みは、定型を破る困難な挑戦でもあったといえるだろう。

チキサニの操演と声を担当した石井マリ子によれば、『春楡』の人形の造型ほか美術を担当した小室一郎の持論も「悪魔とは美しいものだ」であり、「美しく演じる」ことが厳しく要求され

『春楡の上に太陽』より、左からモシロアシタ、チキサニ、オキクルミの人形（写真提供：石井マリ子氏）

たという。[22] 当時、舞台で使用された木彫りの人形が現存しているが、モシロアシタとチキサニの人形は、まさに「彫刻のような」顔立ちの美少年と美少女として造型され、丹念に刺繍された厚司（アットゥシ）の衣装を身にまとい、写真で見ても、その美しさには目を見張るものがある。

『春楡』の敵役で、主人公のひとりでもある悪魔の妹チキサニは、原話には登場しない人物だが、原話の「悪魔の子」の「オオキリムイの子、遊ぼう！」と呼びかける悪戯っぽい人懐っこさを部分的に引き継いだキャラクターでもあり、また、滅ぼすべき敵であるはずのオキクルミとアイヌに心惹かれて苦しむという葛藤を抱えた、当時の人形劇としては異色のヒロインだった。また、その正体は鹿の精霊であるチキサニは、随所で人間離れした敏捷な動きを披露しなければならなかった。「ヒラリヒラリと悪魔がとぶ、さっと消える。「鈍感な悪魔だなあ」と〔井村〕淳ちゃんにいわれて、汗をかきかき、オサキと私はくさっています。でも、鈍感な悪魔では困ります。悪魔はさとく、すばやく、つよく、冷酷なのです」と、チキサニ役の石井マリ子は公演プログラムに記している。[23]

人間ならぬ「悪魔の妹」である一方、アイヌの生活や文化に心惹かれて苦悩する人間的な心をもつ、両義的な性格のチキサニは、ときに「女性らしさ」の枠を大胆に踏み越えるキャラクターでもある。川を上ってくる鮭の群を部落のアイヌたちが漁る場面では、チキサニは男たちに交じってみごとに銛《もり》で鮭を仕留め、「男だってかなわんぞ」「こんな娘は見たことがねえ。腕が金で出来てるんだ。体の中が火みたいに真っ赤に燃えてるんだ」と、口々に賞賛と驚きの言葉をかけられる。[24]後に部落の周囲に異変が相次いだとき、部落の男たちは、「アイヌの娘で銛をうつ者なんぞおらんぞ。それにさ、あの腕前だ」「女は女の仕事、家の仕事をする。男が働くのを助けるのだ。出しゃばって走り回らんでいい。それがアイヌの娘だ。あいつは風のように走りまわって、部落をこんがらがせる」と、チキサニを悪魔と疑い出し、オキクルミひとりが、「だれがやったっていいんだ。チキサニはみんなより魚をとるのがうまいんだ」「チキサニは立派なアイヌだ」と彼女を弁護する。[25]やがてチキサニは部落の少女フレップに刺繍や織物を教わることで、アイヌの生活への親しみを深め、部落を滅ぼすために送り込まれた本来の使命との間での葛藤を強める。村の中の女性役割を受け容れることで、「悪魔の妹」が「人間」へと近づくというプロセスは、その後、『太陽の王子 ホルスの大冒険』のヒロイン・ヒルダにも継承されることになる。

## 「守るに値する村」と「美しい悪魔の妹」

先述したように、『春楡の上に太陽』は成功した公演とは言いがたく、比較的短期間のうちに上演を打ち切られている。「子どもにはわからない」という感想も寄せられたという。[26] 当時すでに人形座の経営は悪化しており、それから四年後の一九六三年、人形座は多額の負債をかかえて解散を発表した。『春楡』を原作とする『太陽の王子　ホルスの大冒険』が製作・公開された際にも、『ホルス』の脚本を担当した深沢一夫以外の人形座の元メンバーは、そのことを知る由もなかったらしい。

大塚康生の回想によれば、当初大塚が会社に提出した『龍の子太郎』映画化の企画は、「久しぶりの長編アニメーションにふさわしいスケールが不十分と思えた」との理由で廃案となり、代わって大塚と高畑は、『春楡の上に太陽』の「おおらかな構成と豊かな可能性に目をつけ」て、映画化の原案として選び、会社の承諾を取りつけて、一九六五年一一月に、原作者の深沢一夫に脚本執筆を依頼した。[27]『春楡』が初演された一九五〇年代末の「アイヌもの」の商業的流行は去って久しく、東映が「アイヌものとして製作することに躊躇した」ため、映画化に際しては、原作のアイヌ文化の要素を割愛し、舞台を北欧風の架空の土地へと変更することを余儀なくされ、モシロアシタとチキサニの悪魔の兄妹は、「グルンワルドとヒルダ」というゲルマン神話風の名に改められた。木村智哉『東映動画史論』ほかでも詳述されている通り、『ホルス』の製作は難航を極め、六六年秋から六七年初頭までの製作中断期間を経て、六八年の夏にようやく完成・公開された。

『ロマンアルバム』には、大塚康生が「人形座のファンであったことから、この人形劇が東映動画長編漫画映画の題材として取り上げられることになった[28]」との解説があり、「「チキサニ」が一ッ橋講堂で上演になったのを、高畑さん達が見てくださってた[29]」との深沢一夫の談も紹介されている。一九五九年八月二七日から三〇日にかけて東京・一ッ橋講堂で行われた人形座の第五回東京公演を、高畑勲と大塚康生が見たことは確実のようだ。しかし、『ホルス』に先行する東映動画の長編漫画映画は、いずれも比較的よく知られた原作の映画化であったことを鑑みれば、東京では数日間の公演が行われたのみで、短期間で打ち切られた異色すぎる演目、しかも流行が去って久しい「アイヌもの」の原作を、公演から五年以上の歳月が過ぎ、上演した人形座もすでに解散した段階で、長編映画化する試みは、商業的には無謀なものだったといってよい。

にもかかわらず、『春楡』が原案に選ばれた理由はなぜか。ひとつには、先行する東映動画長編作品には稀薄だった「民族文化」性ゆえかもしれない。傑作『わんぱく王子の大蛇退治』(芹川有吾演出、一九六三年)はじめ、日本を舞台とする東映動画長編作品はすでに何作も製作されていたが、それらの原作は、記紀神話や歌舞伎・講談など、敗戦以前からポピュラーだった物語が多数を占め、戦後的な「民族文化」「民話」の感覚からは遠かった。東映動画の若い世代のアニメーターたちの間には、先行作品の「民衆」「民族」へのアプローチ(またはその不在)に対する不満があったようだ。たとえば高畑勲は、東映動画の長編第一作『白蛇伝』について、「主人公の許仙と一緒にはたらく労働者たちをなぜあれほど否定的人物群として描かなければならないのか理解出来ませんでした」[30]と述べ、大塚康生は、『安寿と厨子王丸』の試写時に、同作が主人公の立身出世を美化して終わり、封建的な社会制度に対する批判を欠くことに対する強い反発が、大塚や宮崎駿、奥山玲子ら若手アニメーターたちから寄せられたことを記している。[31]一方、『春楡』は、階級闘争の要素こそ欠くものの、国民的歴史学運動の「民衆の視点からの歴史記述」という理想の流れを汲む作品としての、ローカルな小共同体の生活と文化の濃密な描写を特徴としていた。その点こそが、従来の東映動画長編作品の民衆描写に飽き足らなかった高畑・大塚らを惹きつけたのではなかったか。

一九八三年に刊行された『「ホルス」の映像表現』中で、高畑勲は、「すくなくともひとつのことだけは、いまなおありふれてもいないし、むしろこれから本格的に追及しなければならない大きな課題としてのこされています」「それは、〔中略〕守るに値する「村」の描写です」と述べている。[32]『ホルス』の約一時間二〇分の上映時間の中には、漁の場面、村人ルサンとピリアの婚礼の場面、村人たちがホルスを悪魔と疑い追放する場面など、村人たちが中心となる群衆場面が一〇以上盛り込まれ、そのダイナミズムが当時の観客をおどろかせたことは、すでによく知られている。少年ヒーローにとって「守るに値する「村」」であり、「悪魔の妹」すら魅了する豊かな生活文化の息づく場である「村」の描写は、「アイヌ民族文化」という重要な要素を割愛してもなお、『春楡』から『ホルス』へと引き継がれたものといえる。また、高畑勲は、『「ホルス」の映像表現』において、「当時、米国はアジアの一角でもっと露骨に「村を滅ぼし」ていました」[33]と記すほか、たびたびヴェトナム戦争と『ホルス』との関連性について言及している。『春楡』

のルーツのひとつでもある一九五〇年代の国民的歴史学運動の、アメリカ帝国主義に抵抗する闘争の一環としての「民族文化」の擁護というミッションは、『ホルス』に至ってもまだ生きていたとみることができる。

『春楡』から『ホルス』へと引き継がれたもうひとつの重要な要素は、二つの相容れない世界の境界に立って揺れ動くヒロインの存在だった。同時代に『ホルス』を見た観客の多くは、村人たちの群衆場面のダイナミズムと共に、ヒルダの「人間と、悪魔の妹との間で揺れ動き、葛藤する心」を、最も印象に残った点として挙げている。[34]『春楡』から『ホルス』への書き換えに際して、「悪魔の子」の美少年モシロアシタは、「美しさ」を失っていかにも「悪魔」らしい風貌のグルンワルドへと、文化神オキクルミは、出生の謎と神性を失って少年英雄ホルスへと置き換えられ、いずれにしても、よりわかりやすい「漫画映画」の悪漢とヒーローへの変更が行われた。しかし、人間の村を滅ぼす使命を負いつつ、村の生活に心惹かれて葛藤するヒロインの「悪魔の妹」に関しては、基本的な立場、せりふや行動など、チキサニからヒルダへとそのまま引き継がれた部分は大きい。したがって、『春楡』の異色のヒロイン・チキサニも、高畑・大塚らを惹きつけ、映画化へと向かわせた重要な要素のひとつだった可能性は高い。

「守るに値する村」と、「両義性・二律背反性をもつヒロイン」が、『春楡』から『ホルス』へと引き継がれた最も重要な要素だったとして、その二つは相容れないという点が、両作品それぞれに複雑な屈折をもたらしている。『春楡』においては、「悪魔の妹」であり、鹿の化身でもあるチキサニは、そこに真の居場所を得ることはかなわないと知りつつ、アイヌ＝人間の村の生活に魅了される。また、「男だってかなわんぞ」と驚かれる漁の腕前と身体能力を備えた「アイヌの娘らしくない」チキサニを、部落の男たちが「悪魔」と疑いはじめる先述の場面で、アイヌの村は理想的な共同体ならざる一面を覗かせることにもなる。それに対して、『ホルス』のヒルダの設定は、「滅ぼされた村で「悪魔」グルンワルドに拾われ、「妹」として育てられたのでしょう」[35]と高畑が解説するように、自分を「悪魔の妹」と信じる人間の少女へとアレンジされている。しかし、ヒルダもまた、村における女性役割に同化しえないゆえに、真の自分の居場所を見出すことができない孤独を、チキサニと共有している。

『春楡』の第五場では、部落の男たちに悪魔と疑われたチキサニが、ひとりムックリ（口琴）を奏でていると、赤ん坊を背負ったアイヌの少女フレップが登場し、チキサニに親しく語りかけ、刺繍や織物のやり方を教えようとする。フレップを通じて、村の「女の役割・女の仕事」に親しく触れたチキサニは、「アイヌになりたい」という許されない望みを強めてゆく。『春楡』の、チキサニに「女の仕事」を伝授することで、彼女を人間の生活に導き入れる少女フレップの役割は、『ホルス』では、村の三歳の少女マウニによって継承される。村にやってきたヒルダになつくマウニは、「いいものみせてあげる」と、婚礼を控えた村娘ピリアの支度の場へとヒルダを誘う。花嫁衣装の裾に縫取りをする女性たちに仲間に加わるように促され、「もうすぐヒルダだって今夜のピリアのようになる」「お婿さんはホルス」と囃《はや》されたヒルダは、手渡された刺繍の針を指に刺してしまい、「なになるの、そんな着物が」「そんなもの、火をつければ燃えてしまうわ。ただの灰よ」と激昂する。その時、マウニがヒルダに太陽神の顔を刺繍した花嫁のヴェール[36]を投げかけ、ヴェールに包まれたヒルダは、一瞬身動きを止めて物思いに沈んだ後に、ヴェールをかなぐり捨てて走り去る。

続く場面では、マウニの先導によって村人たちが夫婦円満と多産を願うはやし唄を歌う中、ルサンとピリアの婚礼の式が執り行われるが、ひとり離れて見守るヒルダは、やがて魔力によって鼠の大群を呼び出し、村を襲撃させる。ここで、ヒルダの悪意がもっぱらピリアの花嫁衣装に向かっていることは、鼠に襲われたピリアの衣装がずたずたになり、太陽神の顔のついたヴェールが鼠の群に運び去られていったところで、目的を達したかのように襲撃が収束することからも推察しうる。幼いマウニが裁縫仕事、結婚、多産、子どもたちの面倒を見ること、と、村で女性が担うべき役割へとヒルダを誘い、ヒルダがそれに対して激しく反発し、あるいは引き込まれるくり返しから、「悪魔」と「村」の間に立つヒルダの葛藤が劇的に描き出されてゆく。

深沢一夫は、映画化に際しての脚色の一環として、「悪魔の妹」の内面にせめぎ合う「悪の心」と「善の心」を、それぞれ観客にわかりやすく視覚化するべく、白フクロウのトトと、リスのチロの二匹の小動物を新たに創作し、ヒルダに寄り添わせた。葛藤するヒルダは、「村を滅ぼし、ホルスを倒す」というグルンワルドの指令を伝えるトトの声と、「なぜみんなと一緒に暮らしちゃいけないんだ。花を編んだり、刺繍をしたり、ピリアみたいなお嫁さんになったり」と訴えるチロの声にかわるがわる耳を傾けた後、「あたしは悪魔の妹よ。人間と闘う以外に、ヒルダの道はないの」と決意を表明する。ここで注目すべきは、チロの声が表象するヒルダにとっての「善」とは、常に村での女性役割への順応を意味していることでもある。

ひとたびはチロの声を拒み、トトの声に従ったヒルダだが、「きみの中のもう一人のヒルダを、君の手で、そしてぼくらの手で、かならず追い出せる」というホルスの説得を最終的には受け容れ、剣をふるってトトを斬り捨て、グルンワルドに与えられた超自然的な力の源としての「命の珠」を、村の少年フレップを救うために自らの死を覚悟して手放す。ホルスと村の男たちが団結してグルンワルドを滅ぼした後、死の淵から甦ったヒルダは、村に戻ってチロとマウイに出迎えられ、ホルスと手を取り合って、共に大団円に向かって走ってゆく。

しかし、作品中で「村の生活と文化」に最上の価値が置かれ、「悪魔の妹」がその村での女性役割を受け容れることで大団円に至るという筋書きと、村の生活と文化に対する反発をあらわにするヒルダが「美しい」存在とされることとの間には、解きがたい矛盾がある。ピリアの花嫁衣裳に対する反発と悪意を表明する一連の場面のヒルダは、深沢一夫の脚本でも、高畑勲の絵コンテでも、たびたび「美しい」と形容される。たとえば、婚礼を祝う村を襲わせるべく、鼠の大群を呼び出す場面のヒルダについては、脚本には「流れる鼠の海の中の、異様に美しいヒルダ[37]」と記され、絵コンテには「ゆるやかに両腕をあげ忍術のかまえ（美しい型）[38]」と記されている。実際、この場面の、離れたところから婚礼を見つめるヒルダの、夕陽で朱に染まった空をバックにしたクロースアップや、草原に立って鼠たちを呼び出す姿を正面から捉えた引きのショットには、従来の商業アニメーションのヒロインには稀だった、鋭い意志に張り詰めた美しさがある。一方、大団円でホルス、マウニ、村人たちに迎えられるヒルダは、一様に喜びの表情を浮かべた群衆のうちに埋没し、特別に張り詰めた美しさはもはや見出しがたい。

『ホルス』においては、「花を編んだり、刺繡をしたり、お嫁さんになったり」する村の「女の道」を選ぶことが「善」である一方、その道に対する拒絶と反発を示すがゆえに、ヒルダは破格の美しい存在として際立つ。このいわば「善」と「美」との分裂状態は、ラストシーンまで持続することになる。そもそも、少年ヒーローにとっての「守るに値する村」は、強い意志と豊かな感受性をもつ個性的な少女にとって幸福な住処たりうるのか。『春楡』の、チキサニの個性を受け容れず、「悪魔」と疑う部落の男たちの反応が導き出すこの疑問は、『ホルス』の大団円に至っても完全には解消されない。

鳥羽耕史は、「民衆の豊かな歴史を民衆自身が書く」との一九五〇年代の国民的歴史学運動の理想が、女性労働者が母の生活史を聞き取り、記述する「母の歴史」の試みとして実践された際に、「彼女たちの合言葉が、「母の歴史は繰り返さない」になっていったという問題」を指摘する。「自らが書いた歴史を引き受けて、その先に自分の未来を描くのではなく、サラリーマンと恋愛結婚をして町で暮らすことが彼女たちの理想となり、「進歩的百姓娘」として村へ帰るのは理想に反した仕方のない現実となってしまったのである」[39]。一九五〇年代の国民的歴史学運動においてしばしば表出していた、民族の豊かな歴史と文化の拠点としての「村」は、しかし、その歴史と文化を記述するだけの主体性と批評眼をもつ女性が自らの未来を託すに足る場所たりえない。これと相通じる矛盾が、国民的歴史学運動をルーツとする作品としての『春楡の上に太陽』、そして、その映画化である『太陽の王子 ホルスの大冒険』にも持ち越されていたのではなかったか。

『太陽の王子　ホルスの大冒険』以降も、高畑勲と人形劇との縁はしばしば途切れずに続いた。高畑が監督を担当したフジテレビ系「ハウス世界名作劇場」第二作『母をたずねて三千里』(一九七六年一月〜一二月)では、全話の脚本を深沢一夫が担当し、アニメ化に際して新たに付加されたオリジナル要素のひとつとして、かつての人形座を彷彿とさせる旅回りの人形劇団ペッピーノ一座が重要な役回りで登場した。また、高畑が宮崎駿と共に一九七〇年代半ばから八〇年代初めまで籍を置いたテレコム・アニメーションフィルムは、人形劇団ひとみ座の経営部出身の藤岡豊が立ち上げた東京ムービーの子会社であり、藤岡は、高畑、宮崎、大塚康生らが参加した日米合作の未完の大作『NEMO／ニモ』のプロデューサーも務めた。高畑勲の活動歴のみを見ても、戦後日本のアニメーションの発展に対する人形劇の関与には、小さからぬものがあったことは充分に窺われる。人形劇史とアニメーション史の交錯については、今後より多くが語られ、調査されるべきであるだろう。

## 註

［1］「高畑勲さん「お別れ会」宮崎駿監督は声を詰まらせながら、亡き盟友を偲んだ（追悼文全文）」『ハフポスト日

本版』、二〇一八年五月一五日更新。

［2］瀬川拓男の経歴については、主に次を参照した。松谷みよ子・曽根喜一・水谷章三・久保進編『戦後人形劇史の証言——太郎座の記録』一声社、一九八二年。

［3］『太陽の王子 ホルスの大冒険』の企画成立の経緯については、主に次を参照した。大塚康生『作画汗まみれ 改訂最新版』文春ジブリ文庫、二〇一三年。木村智哉『東映動画史論——経営と創造の底流』日本評論社、二〇二〇年。

［4］資料集『ロマンアルバム・エクセレント60 太陽の王子 ホルスの大冒険』（徳間書店、一九八四年）に寄稿した解説で、大塚康生は「ホルスの服装、フィーリング、斧等は、明らかに当時私たちスタッフの間に人気のあった「カムイ伝」（白土三平）の影響を読みとることができます」（一八四頁）と述べ、宮崎駿も巻末インタビューで「当時僕らが絵柄の面で白土三平作品に大いに影響を受けたってことは、言えますね」（一八九頁）と述べている。

［5］「五一年綱領」の内容については、主に次を参照した。『日本共産党性高揚文献 本編』駿台社、一九五二年。

［6］道場親信「下丸子文化集団とその時代——五〇年代東京南部サークル運動研究序説」『現代思想』二〇〇七年一二月臨時増刊号、四二頁。

［7］国民的歴史学運動については、小熊英二『〈民主〉と〈愛国〉——戦後日本のナショナリズムと公共性』（新曜社、二〇〇二年）の第八章（三〇七—三五三頁）でも詳述されている。

［8］吉沢和夫「民衆の豊かな生活を求めて——「民話の会」の成果と課題」『歴史評論』第三九号、一九五二年一〇月、四七頁。

［9］『あのさま』初演については次を参照。山野洋子「農民の生活感情にとけ込んで——「民族芸術を創る会」のしごと」『歴史評論』第三九号、一九五二年一〇月、五三—五七頁。

［10］山野、前掲論文、五六頁。

［11］鳥羽耕史『1950年代——「記録」の時代』河出ブックス、二〇一〇年、四四頁。

［12］小熊、前掲書、三〇七頁。

［13］『ロマンアルバム・エクセレント60 太陽の王子 ホルスの大冒険』徳間書店、一九八四年、一四八頁。

［14］人形座再発見の会『人形座再発見 1952〜1963』、二〇〇四年、四八—五一頁。

［15］著者による石井マリ子氏へのインタビューより。二〇一八年五月二九日。

[16]『ロマンアルバム・エクセレント60　太陽の王子　ホルスの大冒険』所収のインタビュー（一八六頁）で、深沢一夫は「初日の幕が降りないうちに全焼。役者さんが三人死んでしまって、もうショックでねえ。何をするのもイヤになってしまって」と語っている。ただ、東宝劇場での公演は継続不可能となったものの、東宝ミュージカル『アイヌ恋歌』自体は、劇場を日本劇場に移して三月三日まで公演が続けられた。

[17] 人形座『春楡の上に太陽』公演チラシ、一九五九年。

[18] この出会いの場面のチキサニの言葉は、その後『太陽の王子　ホルスの大冒険』の出会いの場面で、ヒルダがホルスにかける言葉「あたしたち兄妹ね。双子よ」として、ほぼそのまま引き継がれることになる。

[19] 知里真志保・小田邦雄『ユーカラ鑑賞』元々社、一九五六年、二〇七頁。

[20] 深沢一夫『人形座上演台本　春楡の上に太陽　決定稿』（大阪国際児童文学館蔵）、一九五九年、四頁。

[21] 人形座『春楡の上に太陽』公演プログラム、一九五九年八月、五頁。

[22] 著者による石井マリ子氏へのインタビューより。

[23]『春楡の上に太陽』公演プログラム、五頁。

[24]『上演台本 春楡の上に太陽』、一〇頁。

[25]『上演台本 春楡の上に太陽』、二九頁。

[26] 著者による石井マリ子氏へのインタビューより。

[27] 大塚、前掲書、一六二―一六三頁。

[28]『ロマンアルバム・エクセレント60　太陽の王子　ホルスの大冒険』、一四八頁。

[29]『ロマンアルバム・エクセレント60　太陽の王子　ホルスの大冒険』、一八六頁。

[30] 解説・高畑勲『「ホルス」の映像表現』アニメージュ文庫、一九八三年、一一二頁。

[31] 大塚、前掲書、一〇三―一〇八頁。

[32]『「ホルス」の映像表現』、一一四―一一五頁。

[33]『「ホルス」の映像表現』、一一四頁。

[34] 五味洋子「アニメーション思い出がたり　その11　ホルスの大冒険」『ＷＥＢアニメスタイル』、二〇〇七年七月六日更新。(http://www.style.fm/as/05_column/gomi/gomi11.shtml)

[35]『「ホルス」の映像表現』、二〇〇頁。

［36］シナリオ及び絵コンテでは「肩かけ」。

［37］高畑勲・深沢一夫「シナリオ　太陽の王子　ホルスの大冒険」『キネマ旬報』一九六八年八月上旬号。

［38］演出・高畑勲、絵コンテ作画・大塚康生『スタジオジブリ絵コンテ全集第Ⅱ期　太陽の王子　ホルスの大冒険』徳間書店、二八二頁。

［39］鳥羽、前掲書、四三―四四頁。

※本章執筆に際しての調査と資料閲覧について、岩田託子氏及び石井マリ子氏にご協力いただき、石井マリ子氏からは『春楡の上に太陽』の公演時の宣材、人形の写真などのご提供をいただいた。記して深謝する。

# 第10章　孤高のナウシカ、「ポンコツ」のハウル
## ——規格外の個性と関係性

### ナウシカとクシャナ

長編劇場用アニメーション映画『風の谷のナウシカ』（宮崎駿監督）が最初に劇場公開された一九八四年には、「戦う女性ヒーロー」が、実写映画、テレビドラマ、アニメーション、マンガといった複数のジャンルの境界を越え、国境を越えて、世界的にメジャー化しつつあった。

一九七〇年代には、刑務所や強制収容所が舞台の「女囚もの」、「レイプ‐復讐もの」、「スラッシャー」といった、追い詰められた女性が、暴力によって敵を打倒し、自分自身を救うジャンル映画の量産体制が、各国の映画産業ですでに確立しつつあった。一九六〇年代以降深刻な不況に陥り、製作部門を縮小し、成人男性客をターゲットとする路線に集中する傾向にあった日本映画界でも、「女侠客もの」「女番長《スケバン》もの」をはじめ、女性が激しいアクションを演じるプログラム・ピクチャーが量産された。

一方、七〇年代には、しばしば映画よりも直接的かつ素早く、リアルタイムの社会・経済・政

治の動きに反応するテレビの連続ドラマにも、戦う女性ヒーローが出現した。一九六〇年代半ば頃から高揚したいわゆる「第二波」フェミニズム運動の刺激も受けつつ、七〇年代後半には、米国ABCテレビ系列で、女性ヒーローの活躍する一連のシリーズが次々に放映された。SFスパイアクション『地上最強の美女バイオニック・ジェミー』(第一シーズン一九七六年一月~五月)、ウィリアム・モールトン・マーストン原作の女性ヒーローコミックスのドラマ化『空飛ぶ鉄腕美女ワンダーウーマン』(第一シーズン一九七六年四月~七七年二月)、そして、『地上最強の美女たち!チャーリーズ・エンジェル』(第一シーズン一九七六年九月~七七年五月)。とりわけ『チャーリーズ・エンジェル』は世界的なヒット番組となり、「戦う女性ヒーロー」の大衆化を強力に推し進めた。

七〇年代に登場した「戦う女性ヒーロー」の多くは、エロティシズム、グロテスク、過激な暴力・殺人描写が呼び物の、いわゆる「エクスプロイテーション」系映画を主戦場としていた。激しいアクションによって衣服が乱れる、あるいはわずかな衣服だけをまとって激しいアクションを披露することで、肉体の隠されるべきとされる部分が露出するエロティシズムが、「戦う女性ヒーロー」ものの重要な商業的価値だった。映画よりも厳しい性描写の制約を課されるテレビドラマでも、『チャーリーズ・エンジェル』ほかのABC系列の女性ヒーローアクションに対して、ライヴァル局NBCの重役ポール・クレインが「胸を揺らすテレビ(Jiggle TV)」と揶揄したように、女性の身体を過度に性的な見世物として扱っているという非難が絶えなかった。

一九八〇年代以降、戦う女性ヒーローは、より幅広い観客層を対象とするメインストリームの大作映画へと活躍の場を広げ、いわば「大衆化」していった。ハリウッド映画における先駆的な女性ヒーローとしては、「エイリアン」シリーズのリプリー（シガーニィ・ウィーヴァー）と、「ターミネーター」シリーズのサラ・コナー（リンダ・ハミルトン）の名がまず挙がるところだが、前者は一九七九年公開の『エイリアン』（リドリー・スコット監督）で、後者は『ナウシカ』と同年の一九八四年公開の『ターミネーター』（ジェームズ・キャメロン監督）で、それぞれにスクリーンにデビューした。あるいは、香港及び台湾には、女性がアクションを演じる武侠映画・武術映画の伝統が古くからあったが、七〇年代から八〇年代にかけて、凜々しい男装で絶大な人気を博したブリジット・リン（林青霞）、現在もグローバルな活躍を続けるミシェール・ヨー（楊紫瓊）をはじめとする、新しい世代の女性アクションスターが、相次いで主演デビューを果たし、国際的にも認知されるようになった。これらのキャラクター／スターは、先行する世代とは異なり、エロティックな肉体の露出や「お色気」よりも、ユニークな個性的人格や、すぐれた問題解決能力、卓越した身体運用能力といった価値を、それぞれに体現する存在だった。

とはいえ、この段階でも、戦う女性ヒーローとは、いわば「非正規」の存在であり、男性ヒーローとは異なる諸々の制約を被っていた。「女を捨て」男装するか、一般社会からはぐれたアウトローとなるか、正体を隠し人目を忍んで暗躍するか、あるいは本来戦うべき男性たちが全て死亡するか戦闘不能状態になり、自分で戦うしかない状況に追い込まれることで、ようやく闘争が許される傾向は、いまだに支配的だった。『エイリアン』のリプリーは、宇宙貨物船ノストロモ号の他の男性乗員がエイリアンに襲われて全滅した後に、ようやくエイリアンと直接対決する。『ターミネーター』のサラ・コナーもまた、守ってくれる男性たちが全滅した後に、ようやく殺人マシンＴ－８００（アーノルド・シュワルツェネッガー）と直接対決する。そうした諸条件、諸手続きは一切抜きに、最初からまごうかたなき「ヒーロー」としてのアクションの能力を発揮する『風の谷のナウシカ』の主人公ナウシカは、この点で決定的に異なっていた。女性アクション映画ものがメジャー化しつつあった一九八四年の時点でも、あるいは今日もなお、ナウシカは異彩を放つ存在といえる。

映画版『ナウシカ』のタイトル前の場面では、異様なマスクで顔面を覆い、われわれと同じ人類なのかどうかも判別できない人物が、廃墟に足を踏み入れる。そこでは白骨化した死体が菌糸に埋まり、床から拾い上げられた人形は手の中で粉々に砕ける。オープニングタイトル直前の、「巨大産業文明が崩壊してから１０００年／錆とセラミック片におおわれた荒れた大地に／くさった海…腐海（ふかい）と呼ばれる有毒の瘴気を発する菌類の森がひろがり／衰退した人間の生存をおびやかした」の白抜きの字幕が、砕け散るいたいけな人形のイメージと相まって、人類の生存をきびしく拒絶する世界の印象を突きつける。

オープニングで示された人類の生存を拒む世界のイメージが強烈であるだけに、そこに空から舞い降りてきて、ただひとり腐海の森へと歩み入ってゆくナウシカの一挙手一投足が、いっそう驚きをもって目を惹きつける。巨大な王蟲《オーム》の抜け殻を発見して、透明なドーム状の眼の周囲に火薬をまき、ライフルの撃針の火花で発火させ、焼け焦げた痕を剣で突いて削り、眼を取り外す一連の作業の、圧倒的な手際の良さ。さらに、蟲に襲われている旅人の気配を察し、飛行機械「メーヴェ」を駆って救出に向かい、暴走する怒れる王蟲を傷つけることなく、閃光弾と蟲笛で落ち着かせてしまう鮮やかな空中アクション。冒頭の腐海の場面では、終始ナウシカの顔はマスクに覆われ、観客には両眼以外の素顔を見ることはできない。実写とアニメーションとの別を問わず、映画に登場する女性の、美しい、あるいはセクシーな、もしくは好感のもてる顔は、キャラクター／スターの価値の重要な部分を占めてきた。その顔をほとんど見せないまま、苛酷な環境の中で自在に立ち回り飛び回る生存の技法を披露することで、まず観客を惹きつける女性キャラクターとは、かつてない存在だった。

　中国語圏の武術・武侠・功夫映画の女性ヒーローは、もっぱら武術で鍛えた肉体で闘い、同時代のハリウッド映画でメジャー化しつつあった女性ヒーローは、もっぱら銃器とマシンを駆使して闘争した。それに対して、ナウシカはその両方の資質を併せもつヒーローとして登場した。ナウシカが愛用する飛行機械メーヴェは、シンプルな構造の機体上に腹ばいになるか立つかして、手すり型の「操縦把」を掴んで操縦する。操縦に筋力と肉体的な熟練を要するが、エンジンを搭載したマシンでもあるメーヴェを自在に操ることは、ナウシカが、すぐれた身体能力と、機械の操作技術を兼ねそなえた人物でもあることを観客に示す。

　しかも、ナウシカは、身体能力と手際の良さのみならず、卓越した知の力を持ち合わせた人物でもある。ヴァージニア・ウルフは、「女性が小説を書こうと思うなら、お金と自分ひとりの部屋を持たねばならない」[1]と訴えたが、高名な女性の作家や科学者の伝記映画《バイオピック》を例外として、二〇世紀の商業映画が女性の知的活動に向ける関心は総じて低く、女性登場人物が、「自分ひとりの部屋」どころか、「自分専用の机」を所有していることすら、明示的に描写される機会は乏しかった。城の地下に自分ひとりの秘密の研究室を構え、腐海から採取してきた植物類の観察と実験に取り組むナウシカは、物理的な力のみならず、科学と知の力をもって犠牲者を救済するヒロイズムを担う。

商業的物語映画の世界では、科学と知の力を行使するヒーローの立場は、伝統的には男性が占有してきた。SF映画では、異星人、太古の時代の生き残りの怪獣、微小な病原体ほか、未知の世界から到来する脅威から人類を救うべく、男性の科学者が奮闘してきた。ホラー映画でも、一九五八年の『吸血鬼ドラキュラ』(テレンス・フィッシャー監督)に始まる英国ハマー・プロの「ドラキュラ」シリーズで、ドラキュラ伯爵(クリストファー・リー)と対決するヴァン・ヘルシング教授(ピーター・カッシング)、あるいは『エクソシスト』(ウィリアム・フリードキン監督、一九七三年)で悪魔祓いに挑む、科学者でもあるメリン神父(マックス・フォン・シドー)など、超自然的なモンスターに対処するための「知」を占有するヒーローが活躍した。二一世紀に至り、たとえばリブート版『ゴーストバスターズ』(二〇一六年)や、BBCとNetflixの共同製作のシリーズ『ドラキュラ伯爵』(二〇二〇年)など、超自然的存在に「知」によって対処する女性ヒーローも出現しはじめたものの、旧作のファンの反発ほか、何かと紛糾にさらされている。こうした経緯を鑑みれば、一九八〇年代前半に、自分ひとりの研究室を所有し、すぐれた「知」の力を発揮する女性ヒーローとして登場したナウシカの孤高の存在感もいっそう際立つ。

孤高で破格の女性ヒーローとしてのナウシカは、「若い女性」をめぐる人間関係の型にもおさまらない。映画冒頭で、怒れる王蟲に追われる旅人ユパ・ミラルダは、ナウシカの師匠でもあり、

「辺境一の剣士」として高名な人物だが、そのユパを絶体絶命の窮地から救出するナウシカは、この映画の世界に存在する人類としては、おそらく最強であることが当初から明示される。ナウシカは、群を抜いた問題解決能力をもち、人間もその他の生物も分け隔てなく助けようと粉骨砕身するが、基本的に、自分自身は他の人間の助けを必要としない。

他の宮崎駿監督／スタジオジブリ作品に登場する女性キャラクターたちと比較しても、ナウシカの孤高性は突出している。他の女性キャラクターたちは、たとえば、『未来少年コナン』（一九七八年）のラナ、『ルパン三世　カリオストロの城』（一九七九年）のクラリス、『天空の城ラピュタ』（一九八六年）のシータのように、悪漢にくり返し拉致されてヒーローに救出されるか、あるいは、『魔女の宅急便』（一九八九年）のキキや、『もののけ姫』（一九九七年）のサン、『千と千尋の神隠し』（二〇〇一年）の千尋、『ハウルの動く城』（二〇〇四年）のソフィーのように、自分ひとりでは解決できない困難な状況を、他者と助け合って打開してゆく。いずれにせよ彼女たちは、作中で知り合った他のキャラクターたちと親密な関係を結び、その絆から力を得て問題解決に取り組んでいた。それに対して、人間の力で解決可能な問題は、たいてい自分ひとりで解決できるナウシカには、プライベートな人間関係に頼る必要がほとんどない。優しげな人当たりとは裏腹に、ナウシカは常日頃から独りきりの「腐海遊び」に没頭し、危機的な局面にあっても他の人間の助力にめったに頼らない、狷介《けんかい》孤高というべき面をもつ人物だ。

とはいえ、ナウシカを「愛される、良い娘」として認知させるべく、その周囲に親密な人間関係を描こうとした作り手の努力の痕跡は、映画版の随所で窺われる。しかし、師匠ユパも、腹心の部下ミトも、ロマンティックな相手役の候補だったかもしれず、ナウシカをレスキューするヒーローの役を努めようとするペジテの王子アスベルも、単身で世界を救おうと東奔西走するナウシカの速度に振り切られ、後に取り残されてしまう。結局ナウシカに最後まで「ついていく」ことができるのは、小動物キツネリスのテトだけである。

生命あるものを満遍なく愛しながらも、個人的な人づきあいへの意欲は乏しい風情のナウシカに対し、あえてつきあいを求めて踏み込もうとする意志を、最も強く示す人物は、大国トルメキアの皇女クシャナかもしれない。映画版のクシャナは、原作マンガ版よりも「悪漢《ヴィラン》」寄りにアレンジされた人物として登場し、軍隊を率いてナウシカの故国風の谷を占領し、ナウシカを人質として連れ去ろうとする。航行中の飛行戦艦が敵襲により墜落し、腐海に不時着した際に、ナウシカに救命されたクシャナだが、ナウシカ一同の隙を突いて指揮権を奪取しようとし、「私がはいつくばって礼を言うと思ったか」と、ナウシカに拳銃を向ける。それに対してナウシカは、冷徹な口調で、「あなたは何をおびえているの。まるで迷子のキツネリスのよう。怖がらないで、私はただあなたに自分の国へ帰ってもらいたいだけ」と返す。

ここで、自分に銃を向けている相手を、「おびえたキツネリス」と煽るナウシカの言動からは、自らの死を一切恐れない過激な無謀さが垣間見える。「おびえた迷子の小動物」扱いされたクシャナは、当然憤りはするが、明らかに怒りとも憎悪とも異なる関心をナウシカに寄せるようにもなる。腐海に墜落して脱出するまでの過程で、ナウシカは、パニック状態の味方に落ち着きを取り戻させようと、猛毒の瘴気を吸い込む危険にも構わず、あえてマスクを脱いで一同に呼びかけ、自分に銃口を向けるクシャナを煽り、さらに一行の前に王蟲が出現した際には、発砲によって王蟲を刺激すまいと、クシャナの手をつかんで自らの頭に銃口を押し当てる。死を恐れず、むしろ能動的に死と戯れるようなナウシカのふるまいを、クシャナはくり返し間近で目撃し、ナウシカへの関心を強めてゆく。

自分自身の死の可能性を受容しつつ、問題解決に取り組むナウシカとは逆に、クシャナは強大な武力によって敵を攻撃し滅ぼすことこそが最適の方法であると信じ、過去の巨大産業文明を滅亡させた大量破壊兵器・巨神兵を復活させ、「腐海を焼き、蟲を殺し、人間の世界を取り戻すに何をためらう！」と叫ぶ。自分自身を守るために他に死を与えようとするクシャナにとって、自分自身の死と受容的に向き合うナウシカは、全く相容れない相手のはずだが、その相容れなさこそが、クシャナをナウシカに惹きつけるようだ。虜囚になった後に脱出して自軍と合流し、戦車を率いて、トルメキア軍に抵抗する風の谷の民衆の掃討に向かおうとする際に、クシャナは部下の参謀クロトワに、腐海の深部に消えたナウシカの帰還を「待ちたい」と告げ、「あの娘と一度ゆっくり話をしたかった」と語るが、やがて「所詮、血塗られた道だ」と、攻撃の開始を命じる。

ナウシカと「一度ゆっくり話をしたかった」というクシャナの望みは、風の谷を駐留トルメキア軍共々滅ぼしかけた王蟲の大群の暴走が、ナウシカの自己犠牲によって沈静化し、トルメキア軍の撤退が決まった後に一応は成就し、エンディングクレジット場面で、何かを話しているクシャナとナウシカの後ろ姿が映った後に、クシャナは自軍を率いて風の谷を去ってゆく。しかし、クシャナとナウシカの会話の内容は音声としては聞こえず、去り際に、明らかに思いを残した表情でナウシカの方を振り向くクシャナに対し、ナウシカは終始観客側に背を向けて表情を見せず、クシャナに対する認識に、「迷子のキツネリス」から何らかの変化があったか否かは定かではない。傲慢なクシャナと、誰に対しても優しいナウシカ、という表向きの印象とは裏腹に、両者の関係においては、コミュニケーションを求めて踏み込むのはクシャナ、それを寄せつけないのはナウシカの方らしい。

原作マンガ版には、ナウシカとクシャナの関係のより微妙なニュアンスが描き込まれている。盟約に従ってトルメキア軍に従軍し、クシャナの指揮下に身を置くナウシカは、敵国土鬼軍との戦闘に臨まんとするクシャナに対して、民間人捕虜の釈放を要求し、拒否された場合は、「ここを去って、土鬼軍に加わり、あなたと戦う」と告げる。それに対してクシャナは、「手を汚すまいとするお前のいいなりになるのは不愉快だ」「戦友としての忠告ならきかぬでもない」と、ナウシカの「戦友としての」参戦を条件に、捕虜釈放に同意する。出陣に際し、クシャナは満足そうな微笑を浮かべて、「ナウシカ 凛凛《りり》しい 出立《いでたち》だ」「私の うしろに つけ」とナウシカに言葉をかけるが、それに対してナウシカは一言も返さず、またしても顔はゴーグルと頭巾で半分隠され、その表情を読みとることはできない。

原作マンガ版でも、映画版でも、ナウシカとクシャナの関係は終始もどかしく捉えどころがないが、それゆえに人間的な魅力も感じさせる。アプローチを試みてはすげなくかわされるクシャナの視点からは、ナウシカは理解しきれず手にも負えないが、いかんともしがたく惹きつけられる相手であり、ナウシカに対するそうした感情は、観客によっても共有しうるものだろう。ク

宮崎駿『ANIMAGE COMICS ワイド判　風の谷のナウシカ 3』
徳間書店、1985年、114頁

シャナとの関係を通じて、優しく慈愛に満ちた「完全無欠な人格者」というばかりでもないナウシカの人柄が、読者及び観客にも伝えられ、キャラクターの奥行きを深める。

孤高の女性ヒーローとしてのナウシカは、「相手役」としての男性キャラクターを特に必要とせず、目の前にいれば優しく接しはするものの、結局は彼らを取り残して突き進んでゆく。クシャナは、そんなナウシカに関心を向け、近づこうとする意欲を示しつづける。両者の関係は、善悪二元論の対立とも、ライヴァルとも、あるいは姉妹的な友愛とも異なり、既存のフィクションの女性同士の関係の型におさまらない。一九八〇年代に顕著となった「戦う女性ヒーロー」の、地域、メディア、ジャンルの境界を越えたメジャー化の潮流の中でも、『風の谷のナウシカ』がユニークな位置を占める作品となったのは、主人公ナウシカの特別な個性ゆえのみならず、破格の女性ヒーローと破格の女性ヴィランの、どこまでも一筋縄ではいかない関係ゆえでもあっただろう。

## 「美少年」にして「ポンコツ」

『風の谷のナウシカ』のナウシカが、異性同性を問わずに「相手役」を特に必要としなかったのに対し、『ハウルの動く城』（二〇〇四年）のタイトル・ロールのハウルは、「相手役」であるヒロインのソフィーに対して、救助し、守り、奉仕する、「ヒーロー」らしい役割を果たすのみならず、多分にソフィーに依存する。際立った問題解決能力をもつゆえに、「相手役」を必要としないナウシカと、ひとりでは解決できない問題を抱え、自分の弱さをさらけ出して「相手役」に頼るハウルは、対照的なキャラクターであり、それぞれにジェンダーの規格から外れてもいる。

『ハウルの動く城』のハウルは、宮崎駿監督作品としてはおそらく最初の、女性ファンの恋愛対象になりうる「美形キャラ」として、意識的に造型・演出されたキャラクターである。アニメに登場する美しい容姿の男性キャラクター――「美形キャラ」――の、主に女性によって構成されるファンダムは、『機動戦士ガンダム』（一九七九～八〇年）のシャア・アズナブルや、『六神合体ゴッドマーズ』（一九八一年）のマーズとマーグの兄弟らが人気を博した七〇年代後半から八〇年代初頭に本格的に形成され、以降、拡大の一途を辿ってきた。しかし、二〇世紀の宮崎駿アニメは、基本的には「美少年・美形キャラ」を排除してきた。『未来少年コナン』（TVシリーズ、一九七八年）のコナン、『天空の城ラピュタ』（一九八六年）のパズーといった少年主人公たちは、

「三枚目」とはいえないとしても、典型的な「美形キャラ」とも明らかに異質な、間隔が開いた小さめの目、太い眉、あごが四角い顔立ちにデザインされている。『風の谷のナウシカ』のアスベルと『もののけ姫』（一九九七年）のアシタカは、年齢もやや上であり、より「ハンサム」といえそうな顔立ちにデザインされているが、やや間隔が開いた両目と、四角めのあごを、『コナン』から引き継いでもいる。『紅の豚』（一九九二年）の主人公ポルコ・ロッソに至っては、一般的には「美形」とは対極の存在とみなされるであろう、「豚」の外観をもつキャラクターである。

しかし、二〇〇一年に公開された『千と千尋の神隠し』には、突如として、風に流れる長髪に、ハイライトの目立つ大きな瞳、あごの細いシャープな輪郭といった、アニメの「美少年・美形キャラ」の典型的な特徴のいくつかを兼ねそなえたキャラクター・デザインのハクが登場した。しかし、ハクは一見したところ一〇歳前後の「子ども」であり、もっぱらティーンエイジャー～二〇代の青少年として設定される「美形キャラ」の年齢層からはやや外れていた。ところが、『千と千尋の神隠し』の次作となった『ハウルの動く城』のハウルは、長髪と濃いまつ毛の中性的な顔立ち、細身の体格とすらりとした手脚、華美な服装など、当時の日本の商業アニメーションのスタンダードに照らし合わせてみても、「美形」としての条件を完璧に満たすキャラクターだった。

日本公開の翌二〇〇五年の『ハウルの動く城』の全米公開に際しては、ハウルの声優には、『ニュージーズ』（一九九二年）などで女性ファンの厚い支持を得ていたクリスチャン・ベイルがキャスティングされ、「アニメーション史上最もハンサムな男性キャラクター」と喧伝された。

日本では後発の美形キャラとして登場したハウルは、二〇〇〇年代初頭の宮崎駿監督／スタジオジブリ作品の海外市場席巻に伴い、欧米の多数のファンに、「アニメの美少年・美形キャラ」を本格的に認知させる役割を担った。たとえば、英語スラングの読者投稿型オンライン辞書『Urban Dictionary』の“bishounen”（美少年）の項目には、「女性の読者・視聴者の目を奪うホットなアニメ／マンガの男性キャラ。ところが両親や、アニメ／マンガに関心のない人の目には女性に見える」との定義に続いて、「『ハウルの動く城』のハウル。きれいな長髪、女の子のような顔、華美な服装」と例示されている。[2]

ハウルの美しさは、その後長期にわたって世界中に熱量の高いファンを生み出すに至った。「アニメ・クラッシュ（anime crush）」、すなわちアニメの中の恋愛を、「自分とは関係のない別世界のこと」として眺めるのではなく、「本気でアニメキャラ本人に惚れる」ことは、今日ではかなり普遍的に起こりうる現象と認められつつある。そして、「アニメ・クラッシュ」や「ホットなアニメ・ボーイ」に関連する英語圏でのインターネット記事等では、最初の対象がハウルだったという証言を、いくつか見つけることができる。[3]

しかもハウルは、ただ単に外見が美しいばかりではなく、「シンデレラ」の良い魔法使いと王子様を兼ねたような強力な救い手であり、「城付きの王子様」であり、献身的なボーイフレンドでもある。映画の発端で、職場を兼ねた実家での労働に消耗し、総力戦下の社会の浮かれ騒ぎにも居心地悪さを感じている主人公ソフィーが、街で二人の兵隊にちょっかいを出されて立往生しているところに、唐突に登場したハウルが兵隊を追い払い、ソフィーの手を取って空高く舞い上がり、さっきまで自分を取り囲んでいたストレスの多い日常世界をはるか足下に見おろしながら、空中を散歩する夢のようなひと時をソフィーに贈ってくれる。出会いの「空中散歩」以来、ハウルは、ダイアナ・ウィン・ジョーンズの原作小説の「惚れっぽい浮気者」という設定からも離れ、ソフィーに一筋に尽くし、小まめなプレゼントとサービスを欠かさず、クライマックスには「守りたいものができた、君だ」の殺し文句を残して、ソフィーを守るための戦いに飛び出してゆく。ハウルは、虐げられた乙女をお城に連れてゆき、望むすべてを与え、外敵から守ってくれる、「完璧な王子様」であるかに見える。

しかし、唐突に降って湧いてきた「王子様」に、自分の人生の問題の解決をゆだねてしまうことは、ソフィーにとっての真に望ましい現状打破の道とはならない。ハウルに執着する荒地の魔女の呪いによって、一八歳の乙女から九〇歳の老婆に変えられてしまったソフィーは、荒地をさまよい、ハウルの動く城にたどりついた後に、あくまでも自分自身の力で問題を解決しようと動き回る。ハウルの城へのソフィーの参入は、城の動力源たる火の悪魔カルシファーとの「取引」にはじまり、城の主人ハウルとの「あたしゃこの城の新しい掃除婦だよ」「誰が決めたの」「自分で決めたのさ」というやりとりをもって完了する。つまり、ソフィーは、良い魔法使い兼王子様としてのハウルに受動的に救い出され、城へと迎え入れられるのではなく、能動的にハウルの城へと上がり込み、交渉して自分にとって望ましい労働契約を結ぶところから、城での生活を開始する。

原作小説のソフィーは、「きれいな娘」「かわいらしい娘」で、「帽子や洋服（を作ること）にかけちゃ天才」と評価されていた。しかし、フェアリーテイルでは決まって意地悪で無能な役回りをあてがわれる「長女」に生まれたしがらみもあり、周囲も本人もソフィーの特別に優れた資質を適切に評価できずにいるうちに、ソフィーは呪いで老婆に変えられ、自己実現の機会からますます遠ざけられてしまう。原作のソフィーの受難が、本来備わっている美しい外観や、帽子づくりの特別な才能を、幸福になるために自覚的に役立てる機会を一時的に奪われてしまうことから生じるとすれば、それに対して映画版のソフィーは、本人いわく「美しかったことなんてない」うえに、天才的な帽子づくりの才能も持ち合わせてはいないらしい。映画版のソフィーは、これといって特別な資質をもたず、しかも呪いによって若さを奪われた状態で、人並み程度の家事能力だけを頼みに奔走し、一度は失われた自分のアイデンティティと居場所を作り直してゆく。それに対して、ハウルは、ソフィーが自発的に活動する機会を奪うどころか、むしろ積極的に提供する「ポンコツ」ぶりを発揮しはじめる。

ソフィーが最初にハウルの城に入り込んだ際に、ハウルは手際よく片手で卵を割ってベーコンエッグを料理できる一方、洗い物と掃除についてはまったく無能らしいことが判明する。ハウルの極端にアンバランスな家事能力は、ソフィーが城で掃除と洗い物に大いに活躍する余地を作り出す。さらに、ソフィーとの共同生活を続けるうちに、ハウルは精神面の弱さや、外界の脅威におびえる臆病さを見せ、ついにはソフィーの方が、王家によって戦争に動員されそうになったハウルを守るために、王宮の権力者の魔女サリマンと直接対決し、交渉を行うに至る。かくして、冒頭の「空中散歩」の場面で示唆された「守るヒーロー」と「守られるヒロイン」の関係は逆転し、流動していく。

映画全編を通じて、ハウルは、「万能の魔法使い」から「メンタルの弱い引きこもり」へ、さらに「家族を守るために闘う家長」から「救いを待つ可憐な子ども」へとめまぐるしく変転してゆき、その変転と同期するように、因果関係を完全に理解するのは難しい不可解な出来事の数々が、生起しては連鎖する。それに対して、ソフィーは事態を正確に理解する暇もないまま、果敢に行きあたりばったりの対処を試みる。汚れた床を前にすれば徹底的に掃除し、行く手に出現する長い長い階段を徹底的に登り、行く先々でよるべないカカシや犬や要介護老人を見つけてはとりあえず連れ帰り、ダイヤルを見ればとりあえず回し、スイッチを見ればとりあえず押し、ドアを見ればとりあえず開け、火事にはとりあえず水をぶっかける。

映画のクライマックスで、特に説明もなく開始された空襲のさなか、ハウルが「守りたいものができた、君だ」と唐突な愛の言葉を残してどこへともなく出撃してしまったとき、ソフィーは「ハウルは臆病なのがいいの！」と主張し、独自に事態を打開するべく、ますます闇雲に奔走しはじめる。もっぱら「よくわからないけれど嫌」「行きあたりばったり」「ついうっかり」の組み合わせからなるソフィーの働きは、荒地の魔女の「呪い」にせよ、ハウルの「庇護とサービスとプレゼント」にせよ、他からの強い力がソフィーに働きかけて与えてきたすべてを、意図せずしてことごとく破壊してしまう。いったんすべてを壊した後に、ソフィーは当初の美と力をほぼ完全に失って怪物化したハウルとの再会を果たし、崩壊の果てに一枚の歩く板と化したハウルの動く城へと帰還する。そして、ハウルと動く城の双方は、ソフィーの意志によってより望ましい形態へと作り変えられる。ソフィーは、映画の発端において抱えていたアイデンティティと家と仕事と社会に関する問題が、ほぼ完全に解決された状態へと到達し、さらに以下に挙げる成果を獲得する。

1 戦争及び政治のしがらみから解放されて完全な自由業者となった理想的なパートナー
2 お城（兼自家用飛行機、庭付き）
3 愛犬
4 かわいらしく利発で聞きわけのよい子ども
5 クリーンでハイパワーなエネルギー源、兼執事
6 もうひとりの「王子様」との家庭外の恋愛の可能性
7 こちらの生活に干渉するのは諦めたようだが、連絡手段は存続し、さらに色々と面倒な渉外を引き受けてくれているらしき別居の姑

この大団円には、「介護対象としての老人＝魔力を失い老いさらばえた荒地の魔女」の存在も含まれる。しかし、介護者と被介護者との間にはすでに和解を経て親密な絆が成立しており、これだけ周囲に頼りがいのある人材が揃っていれば、介護は必ずしも「報われることの少ない苦役」ではなくて「やりがいのある仕事」ともなり、前の世代との人間的な繋がりが保たれていることは、若い世代の生活に豊かさをもたらしもすることが示唆される。そこには現実の生活のリ

アルな重みが残されてはいるものの、抑圧や消耗の脅威は薄められている。

映画『ハウルの動く城』の、これ以上は望みようがないほどの大団円は、原作通りに、ソフィーの「他の人にはない特別な才能」がもたらしたものでも、「魔法使い＝王子」の力によって与えられたものでもない。いかなる因果関係によるものかは今ひとつ不明ながらも、ともかく、あくまでも普通の人間にすぎないソフィーが、自分自身の判断と意志に基づいて、果敢に身体を動かした働きを通じて、自力で勝ち得たものであることは確実だ。

両性具有的な美しい容姿のみならず、手際よく料理をし、自分の外観の美しさを自覚してメンテナンスにこだわり、怖がりで臆病な側面をもち、かつ精神的な脆弱さを隠そうとしないハウルは、前世紀の基準からは「男らしくない」とみなされるだろう数々の特徴をもつ。しかし、ハウルの「男らしくなさ」は、ヒロインにとっては、自分を抑圧せず、自発的な意志に基づく行動の邪魔にならないという、ポジティヴな結果をもたらす。一方、いざとなれば強大な魔力を駆使してヒロインを助けることもできるハウルは、相手に過度のフォローとケアの負担をもたらすこともない。

二〇世紀には「男の子の冒険活劇」に精彩を発揮する一方で、「美少年・美形キャラ」とは縁遠かった宮崎駿が、「女の子が失われたものを取り戻す冒険活劇」としての『千と千尋の神隠し』を経て、「女の子が失われたものを取り戻し、かつ望みうるすべてを獲得する冒険活劇」としての『ハウルの動く城』に至る展開の中で、「女の子が望む理想の相手役」とは何であるかを探求した結果が、美しく、ほどほどに「男らしさ」を欠きつつも、邪魔にも負担にもならないハウルだったのかもしれない。かつて「女の子が望む理想の相手役」とは何かを考え抜こうとしたかもしれない作り手の探求の結果、公開から二〇年近くを経ても、いまだにハウルは、世界の「アニメの美少年」「ホットなアニメ・ボーイ」の代表としての地位を保ち、本気で「惚れる」ファンを生み出しつづけている。

実在する人類のモデルを必ずしも必要としないアニメのキャラクターは、その非実在性ゆえに、現実的な人間とは乖離し、理解や共感の困難な思考や感情の表現を与えられる場合も、過度にステレオタイプに依拠する場合もある。しかし、アニメのキャラクターが、現実的な理解と共感の可能性を維持しつつ、実在するジェンダーの規範に制約されないユニークな個性と人間関係を表現する場合も、キャラクターとの特別な絆に自分自身も参入する可能性を、オーディエンスに夢見させる場合もある。ナウシカにしても、ハウルにしても、後者のポテンシャルを潜在させるキャラクターであるがゆえに、それぞれに登場から長い歳月を経ても、いまだに新しい世代のファンの心を動かす力を保ってきたのではないか。

## 註

［1］ヴァージニア・ウルフ『自分ひとりの部屋』片山亜紀訳、平凡社ライブラリー、二〇一五年、一〇頁。

［2］Redsun, "bishounen," *Urban Dictionary*, April 11 2006.（https://www.urbandictionary.com/define.php?term=bishounen）

［3］たとえば、Petrana Radulovic, Ana Diaz, and Julia Lee, "To all the anime boys we've loved before," *Polygon*, February 14 2021.（https://www.polygon.com/2021/2/14/22277117/anime-best-boys-characters）

# あとがき

第3章でも論じた『羅生門』で、千秋実の演じる旅法師が、「戦、地震、辻風、飢饉、疾病《えやみ》、来る年も来る年も災いばかりだ」と呟く。本書を執筆しつつ、その声と口調をたびたび思い出していた。『羅生門』の登場人物たちは、おそらく寿命が尽きるまで、いずれも「災いばかり」の連鎖から逃れることはできなかったのではないか。そんな気がしてならない。

『羅生門』の「災い」に比べれば、まだ人間社会の側で打てる手はそれなりにあるかもしれないが、二〇一九年末の新型コロナウイルス感染症（COVID-19）パンデミックの発生以来、いま現在に至るまで、われわれの社会もまた、「来る年も来る年も災いばかり」の渦中にある。二〇二二年一〇月現在も進行中のロシアによるウクライナ軍事侵攻が、この先どれほどの「災い」を派生させるのかも見通しがたい。本書の執筆作業は、そうした状況下で進められた。

COVID-19パンデミックが本格的に到来した時点で、末っ子は二歳になったばかり、真ん中の小学生は日々エネルギーを余らせて荒ぶり、最年長は高校受験を控えていた。以来約二年間、保育所と小中学校はたびたび閉鎖状態になり、自宅待機の子ども三人を世話しつつ、大学がオンライン授業へと移行したことで爆発的に増えた諸準備作業をこなし、一方で書籍の執筆を進めるのは、まず無理だろうと思われた。最終的には無理が通って道理が引っ込んだ形になるが、それはひとえに自宅待機でひまをもて余しつつ、やりたい活動が一致することは稀な幼児と小学生、進むべき方向を見失いがちな受験生と、三者三様の子どもの相手をいとわず、少しでも本書の執筆時間を確保するための粉骨砕身を続けてくれた、わが夫の献身と忍耐によるところが大きい（「パートナー」や「連れあい」といった用語は本人に馴染まないため「夫」とするが、フェミニズムの語彙への馴染みのあるなしのみを基準に、もちろん人間の徳を計れるものではない）。その徳の高さに見合った価値が本書に備わったかどうかは心許ないが、この災いばかりの二年間に、ただ消耗し失うだけではなく、何か新しいものを作り出して残すことができたとしたら、何かしらの意義はあるように思う。

企画の成立から二年間、執筆の進行は遅れに遅れたが、刊行に至るまで辛抱強くお付き合いいただいた担当編集者の足立朋也氏には、改めて深く感謝申し上げる。各章の執筆にあたってのリサーチにご協力いただいた岩田託子氏、石井マリ子氏、大阪国際児童文学振興財団の土居安子氏、竹内一江氏、神戸映画資料館の安井喜雄氏、田中範子氏にもお礼を申し上げたい。資料アーカイブの維持・運営にとっては厳しい時勢が続いているが、アーカイブに生かされてきた研究者としては、各施設の末長い存続発展を願ってやまず、本書の刊行が、何かしらの恩返しの機会に繋がることを望んでいる。

「災いばかり」の中で書かれた本書だが、こうして世に出ることで、新たな読者との出会いに恵まれれば幸いである。

本書を故淡島千景氏の思い出に捧げる。

二〇二二年一〇月

鷲谷花

# 初出一覧

本書に収録された各章は、第4章、第6章、第10章を除き、主に二〇一五年以降に『ユリイカ』及び『現代思想』に発表した文章にもとづいている。いずれの章についても、書籍化にあたって大幅な加筆訂正を行い、テーマごとに二章を一組にして五部構成とし、各部の冒頭に簡単な解題を付した。一部の章は初出からタイトルを変更している。以下に各章のもとになった文章の初出を記す。

第1章 「大階段上のイモータン・ジョー――『マッドマックス 怒りのデス・ロード』、ヒエラルキーと革命」、『ユリイカ』第四八巻第一号、二〇一六年一月、一六二―一七三頁。

第2章 「「代行」する王＝息子としてのバーフバリ――女性にも快適な家父長制」、『ユリイカ』第五〇巻第八号、二〇一八年六月、四二―五二頁。

第3章 「真砂サバイバル――『羅生門』における「ぐじぐじしたお芝居」とその放棄」、『ユリイカ』第五一巻第一三号、二〇一九年八月、一四一―一五一頁。

第4章 「黒澤明監督作品のリメイク・翻案における「男同士の絆」のゆくえ」、北村匡平・志村三代子編『リメイク映画の創造力』、水声社、二〇一七年、二〇五―二四二頁。

「ヒロインが沈黙を突破するとき――「唖者のメロドラマ」としての『隠し砦の三悪人』」、『中央評論』第七二巻第四号、二〇二一年一月、七三―八四頁。

第5章「悔恨の舟――内田吐夢監督作品の高倉健」、『ユリイカ』第四七巻第二号、二〇一五年二月、一五二―一六一頁。

第6章「「二階の女」の闘争――時代劇映画における淡島千景」、淡島千景・坂尻昌平・志村三代子・御園生涼子・鷲谷花編著『淡島千景――女優というプリズム』、青弓社、二〇〇九年、一八八―一九八頁。

第7章「恐怖のフェミニズム――「ポストフェミニズム」ホラー映画論」、『現代思想』第四八巻第四号、二〇二〇年三月、九一―一〇一頁。

第8章「破壊神創造――二一世紀のクエンティン・タランティーノ監督作品における「フェミニズムへのフェティシズム」」、『ユリイカ』第五一巻第一六号、二〇一九年九月、一四二―一五二頁。

第9章「美しい悪魔の妹たち――『太陽の王子 ホルスの大冒険』にみる戦後日本人形劇史とアニメーション史の交錯」、『ユリイカ』第五〇巻第一〇号、二〇一八年七月、二六〇―二七四頁。

第10章「「ナウシカが、シータ・千尋・キキと「決定的に違っている」点」、『現代ビジネス』、二〇二〇年一二月二五日公開。[https://gendai.media/articles/-/78696]

「ジブリのハウル、〝超美形な王子様〟だけど「ポンコツ」という不思議な魅力」、『現代ビジネス』、二〇二一年四月二日公開。[https://gendai.media/articles/-/81776]

# 人名索引

## ア行


芥川龍之介　69-70
朝海ひかる　33
アスター、アリ　171
甘粕正彦　110-111, 119-124, 147
アルジェント、ダリオ　154, 156, 163-164
淡島千景　111, 133-138, 140-141, 145, 149-151
飯田忠彦　141, 150
イートン、コートニー　23
池田理代子　26
石井輝男　116
石井マリ子　220, 224, 226
石母田正　219
石森延男　221
市川海老蔵　137
市川崑　76, 137
井手雅人　141, 149
伊藤野枝　124
稲垣浩　124
今井俊二　116
今井正　137
今成尚志　60, 62-63, 71
井村淳　221, 225
イングランド、ロバート　192
ヴァーレ、ラケシュ　36
ヴァルツ、クリストフ　202
ウィーヴァー、シガーニィ　241
ウィグマン、マリー　165
ウィリアムズ、キャロライン　194
ウィリアムズ、リンダ　3, 159-162, 187
ウィンステッド、メアリー・エリザベス　198
上田吉二郎　66
植田紳爾　26
上原美佐　57, 87, 98
内田吐夢　110-111, 114-115, 117-122, 124-125, 130, 140-141, 144, 147, 149, 151-152, 221
ウルフ、アレックス　172
ウルフ、ヴァージニア　243
ウルフ、ピーター　172
江原真二郎　123
大川橋蔵　137
大杉栄　124
大曾根辰夫　136
大塚康生　214, 219, 227-230, 235-236
大友柳太朗　141, 151-152
大庭秀雄　134, 136
岡倉士朗　218
尾形敏朗　63, 67, 71, 74, 94, 96
岡本登　214
小熊英二　219
奥山玲子　229
小田切みき　57


## カ行


カーク、ブライアン　53
カーショウ、アビー・リー　23
カーター、アンジェラ　164
カーティス、ジェイミー・リー　194
カーティス、マイケル　92
カーフェン、イングリット　170
カーペンター、ジョン　192
海音寺潮五郎　141-143, 150
香川京子　79, 113
片岡千恵蔵　118, 124-126
カッシング、ピーター　244
加東大介　65, 85
加藤幹郎　90
加藤嘉　113, 118
カニンガム、ショーン・S　192
河合さき子　224
河津清三郎　82

河原崎長十郎　125
キーオ、ライリー　16
キース・バーン、ヒュー　16
菊池寛　125
岸富美子　120
北村匡平　67, 74
ギッシュ、リリアン　12
木下恵介　134
木下順二　218
木原敏江　26
ギブソン、メル　22
木村功　83-84
木村恵吾　67
木村次郎　218
木村信司　25
木村荘十二　120
木村建哉　90-92
木村智哉　227
キャメロン、ジェームズ　241
キャラダイン、デイヴィッド　199
京マチ子　61, 67, 75-76
キング、エイドリアン　192
グァダニーノ、ルカ　156, 164, 166, 180
クラヴィッツ、ゾーイ　23
グラント、バリー・キース　155, 157
クリード、バーバラ　157, 187
クリシュナ、ラムヤ　36
グリフィス、D・W　12, 98-99
グレアム、マーサ　165
クレイヴン、ウェス　155, 192
クローヴァー、キャロル・J　3, 156, 159-161, 187-189, 193-198, 204
黒川弥太郎　139
黒澤明　56-57, 59-61, 63, 65, 69-70, 79-84, 91, 94-95, 97, 105-106
コースマイヤー、キャロリン　176-178
コーマン、ロジャー　190
ゴス、ミア　168
小室一郎　221, 224
コレット、トニ　171

## サ行

サーマン、ユマ　185, 199
櫻町弘子　139
山茶花究　82
佐田啓二　138
サティヤラージ　40
里見浩太朗　126
佐野周二　118, 133, 138
サンガー、マーガレット　183
シアラー、マーサ　164
シェイクスピア、ウィリアム　25
ジェイコブズ、リー　100
シェーファー、エリック　159
ジェームズ、ニック　188
シェッティ、アヌシュカ　36
シカゴ、ジュディ　156, 166, 175
獅子文六　134
品川隆二　137
柴田侑宏　26
渋谷実　133-134
島田正吾　125, 133
志村喬　57, 64, 82, 84
シャピロ、ミリー　172
シュワルツェネッガー、アーノルド　242
ジョーンズ、ダイアナ・ウィン　253
ジョンソン、エンヤ　159
ジョンソン、ダコタ　165
シリング、メアリー・ケイ　204
スウィントン、ティルダ　167-169
スコット、リドリー　241
鈴木尚之　122
スッバラージュ　45
勢満雄　120-121
瀬川拓男　213-214, 218-219, 236
セジウィック、イヴ・コゾフスキー　56, 71, 80-82, 104
瀬奈じゅん　25
芹川有吾　228
セロン、シャーリーズ　16, 23
ソーテンダイク、レネ　169
ソンタグ、スーザン　26

## タ行


高倉健　111, 113-118, 124-130, 221
高田浩吉　137
高畑勲　211-214, 227-231, 233, 235
瀧花久子　118
武田泰淳　114-115, 221
タスカー、イヴォンヌ　187
太刀川寛　82
橘宗一　124
ダッグバーティ、ラーナー　36
辰巳柳太郎　125
タマンナー　39
ダミアーノ、ジェラルド　158, 187
タランティーノ、クエンティン　156, 185-189, 199, 201, 203-204
千秋実　62, 87, 261
チェリー、ブリジッド　181
チャルファント、キャスリーン　172
司葉子　82
月形龍之介　111, 125
津島恵子　84
津田不二夫　115
土屋嘉男　82, 86
坪井与　121
デ・シモーネ、トム　194
デ・ハヴィランド、オリヴィア　92-93
デ・パルマ、ブライアン　162
デミ、ジョナサン　162
ドーソン、ロザリオ　196
轟悠　25, 33
鳥羽耕史　218, 234
トムズ、トレイシー　196


## ナ行


ナーサル　41
中西一夫　151
中村翫右ヱ門　125
中村錦之助　122-123, 125, 128-129
中村登　136
中村秀之　65, 107
成瀬巳喜男　221
ニール、スティーヴ　98
ニコロディ、ダリア　163-164, 176
仁科周芳　94
西本雄司　124


## ハ行


パーキンス、アンソニー　193
ハーディ、トム　23
ハーパー、サラ　165
ハーパー、ジェシカ　168
バーン、エセル　183
バーン、オリーヴ　183
バーン、ガブリエル　172
バウシュ、ピナ　165
橋本忍　69
長谷正人　65
長谷川伸　137
花園ひろみ　141
ハミルトン、リンダ　241
ハロン、メアリー　162
伴淳三郎　118
ハンター、イアン　93
ハンティントン＝ホワイトリー、ロージー　23
阪東妻三郎　134, 137
ピクセレクール、ギルベール・ド　98
樋口年子　88
左卜全　86
ヒック、ドリス　170
ヒッチコック、アルフレッド　157, 162, 191
ピネド、イザベル　181
平幹二朗　123
フィッシャー、テレンス　244
フィンドレイ、マイケル　158
フィンドレイ、ロベルタ　158
フーパー、トビー　158, 192, 194
フェアバンクス、ダグラス　90
フェデリーチ、シルヴィア　171
フェルリト、ヴァネッサ　198
フォード、ジョン　96

フォキナ、エレーナ　166
フォン・シドー、マックス　244
深沢一夫　210, 214, 220-222, 227-228, 232-233, 235, 237
福島宏　120
藤岡豊　235
藤田進　88
藤原釜足　84, 87
プラバース　35
フリードキン、ウィリアム　191, 244
フリン、エロール　90, 92-93
ブルックス、ピーター　99-100
ブレア、リンダ　194
プロップ、ウラジーミル　37, 52
ブロンテ、シャーロット　164
ベイル、クリスチャン　251
ベクテル、マロリー　173
ベニオフ、デイヴィッド　53
ベラ、マウゴザタ　182
ベル、ゾーイ　185, 196
細馬宏通　19
ポランスキー、ロマン　191
ホルト、ニコラス　16, 23
本間文子　69

## マ行

マーストン、ウィリアム・モールトン　183-185, 187, 203, 240
マーティン、エイドリアン　22
マキノ雅弘　125, 133-134, 136-137, 151
マキノ光雄　121
増村保造　92, 94-95
マッゴーワン、ローズ　185, 205
松田定次　134
松谷みよ子　213-214, 218-219
松本新八郎　218
マルヴィ、ローラ　3, 148-149, 154, 188, 195
三浦浄心　145
三國連太郎　117-118, 130
溝口健二　76, 125
道場親信　217
三橋達也　79
三船敏郎　57, 61, 79, 83, 85, 87, 102-103
宮口精二　83, 137
宮崎駿　91, 93, 211-214, 219, 229, 235-236, 239, 245, 250, 252, 257
ミラー、ジョージ　13, 15, 22
メンディエッタ、アナ　156, 166-167, 176
森雅弘　61
森雅之　76, 79
モレッツ、クロエ・グレース　167

## ヤ行

山形勲　124
山野洋子　218
山村聰　137
山本安英　218
吉川英治　123-125, 130, 136
吉田茂　216
四方田犬彦　56, 80, 94, 140-141
楊紫瓊　241

## ラ行

ラージャマウリ、S・S　13
ラッセル、カート　185-186
ラッセル、ドミニク　60
ランゲンカンプ、ヘザー　192
リー、クリストファー　244
リー、ジェニファー・ジェイソン　186
リチー、ドナルド　59, 64, 82-83, 87, 96
リホツキー、マルガレーテ・シュッテ　166
林青霞　241
ルポール、ジル　183, 185
レインズ、クロード　93
ロドリゲス、ロバート　204
ロヒニ　38
ロラン、メラニー　186

## ワ行

ワイス、D・B　53

ワインスタイン、ハーヴェイ　179,
204-206
ワインスタイン、ボブ　204
若桑みどり　2
ワシントン、ケリー　186

# 映像作品索引


## 数字

『13 日の金曜日』 192
『300』 53

## ア行

『赤線地帯』 76
『悪魔のいけにえ』 158, 192
『悪魔のいけにえ２』 194
『浅草の肌』 67
『穴』 76
『アナと雪の女王』 31
『網走番外地』 116
『暴れん坊街道』 118
『アメリカン・サイコ』 162
『アラジン』 31
『安寿と厨子王丸』 229
『生きる』 57
『命美わし』 134
『イングロリアス・バスターズ』 186, 201
『雨月物語』 76
『エイリアン』 241
『エクソシスト』 191, 244
『絵島生島』 136-139
『江戸っ子肌』 137-139
『エルム街の悪夢』 192
『オーメン』 191

## カ行

『限りなき前進』 110
『隠し砦の三悪人』 57, 87, 89, 91-98, 101-102, 104-106
『風の谷のナウシカ』 210, 212, 239, 242, 249-251
『飢餓海峡』 118-119, 130
『機動戦士ガンダム』 250
『逆襲獄門砦』 111
『吸血鬼ドラキュラ』 244
『キル・ビル』二部作 185, 199-201, 204, 206
『黒田騒動』 111
『ゲーム・オブ・スローンズ』 51, 53
『恋と太陽とギャング』 116
『ゴーストバスターズ』 244
『コタンの口笛』 221
『殺しのドレス』 162

## サ行

『サイコ』 157, 162, 191, 193
『酒と女と槍』 140-142, 144-145, 147-151
『サスペリア』(1977 年) 163-164
『サスペリア』(2018 年) 156, 164-167, 171-172, 174-176, 179-180
『三悪人』 96
『七人の侍』 56, 83-84, 86-87
『ジャンゴ　繋がれざる者』 186
『自由学校』 134, 138
『修禅寺物語』 136
『シュガー・ラッシュ』 31
『白雪姫』 1
『シングルマン』 23
『人生劇場』 110
『シンデレラ』 2
『姿三四郎』 80
『スクリーム』 155, 205
『スナッフ／SNUFF』 158-159
『千と千尋の神隠し』 245, 251, 257
『善魔』 134
『空飛ぶ鉄腕美女ワンダーウーマン』 240

## タ行

『ターミネーター』 241
『大菩薩峠』 118
『太陽の王子　ホルスの大冒険』 210, 212, 214-215, 219, 224, 226-227, 234-237

『丹下左膳』 134
『地上最強の美女たち！ チャーリーズ・エンジェル』 240
『地上最強の美女バイオニック・ジェミー』 240
『痴人の愛』 67
『血槍富士』 121
『土』 110
『ディープ・スロート』 158, 187
『デス・プルーフ in グラインドハウス』 156, 185, 188, 195-199, 204-205
『天空の城ラピュタ』 245, 250
『電光空手打ち』 115-116
『てんやわんや』 133-135, 138
『どたんば』 118
『ドラキュラ伯爵』 244
『虎の尾を踏む男達』 94
『鳥居強右衛門』 110

## ナ行

『にごりゑ』 137-139
『日本橋』 137-139
『ニュージーズ』 251
『野良犬』 65

## ハ行

『バーフバリ』二部作 13, 35-38, 40, 48, 50-53
『ハウルの動く城』 211-212, 245, 250-253, 255, 257
『白蛇伝』 228
『裸の町』 110
『花と嵐とギャング』 116
『花の生涯』 136-137, 139
『母をたずねて三千里』 235
『ハロウィン』 192, 194
『東への道』 12
『羊たちの沈黙』 162
『プラネット・テラー in グラインドハウス』 204
『ヘイトフル・エイト』 186
『ヘルナイト』 194
『ヘレディタリー／継承』 171-172, 175, 178

## マ行

『魔女の宅急便』 245
『マッドマックス』 22
『マッドマックス２』 22
『マッドマックス　怒りのデス・ロード』 13, 15-17, 19-25, 27, 29-32
『マッドマックス／サンダードーム』 22
『マレフィセント』 31
『まんが日本昔ばなし』 219
『宮本武蔵』(1944年／溝口健二監督) 125
『宮本武蔵』(1954年／稲垣浩監督) 124
『宮本武蔵』(1961年／内田吐夢監督) 125
『宮本武蔵　一乗寺の決斗』 124
『宮本武蔵　巌流島の決斗』 124
『宮本武蔵　二刀流開眼』 118, 125
『未来少年コナン』 245, 250
『武蔵と小次郎』 125, 133-138, 150
『もののけ姫』 245, 251
『森と湖のまつり』 113-119, 126, 130

## ヤ行

『酔いどれ天使』 65
『用心棒』 81, 97

## ラ行

『羅生門』 56, 59-62, 68-71, 74-76, 97
『乱』 80
『ルパン三世　カリオストロの城』 90-91, 101, 104, 245
『歴史』三部作 110
『レザボア・ドッグス』 204
『ローズマリーの赤ちゃん』 191
『六神合体ゴッドマーズ』 250
『ロビン・フッドの冒険』 92-93, 101

## ワ行

『悪い奴ほどよく眠る』 79, 81, 97
『わんぱく王子の大蛇退治』 228

鷲谷 花（わしたに・はな）
1974年東京都生まれ。映画研究者。筑波大学大学院文芸・言語研究科博士課程修了。専門は映画学、日本映像文化史。主に近現代日本の社会運動と映像メディアとの関連について研究を行い、近年は昭和期の幻灯（スライド）に関連する資料発掘と上映活動にも取り組んでいる。雑誌『ユリイカ』等に映画批評を多数寄稿している。主な著書に『淡島千景――女優というプリズム』（共編著、青弓社、2009年）、訳書にジル・ルポール『ワンダーウーマンの秘密の歴史』（青土社、2019年）がある。

姫《ひめ》とホモソーシャル――半信半疑《はんしんはんぎ》のフェミニズム映画批評《えいがひひょう》

2022年11月10日　第1刷印刷
2022年11月25日　第1刷発行

著　者　鷲谷《わしたに》 花《はな》

発行者　清水一人
発行所　青土社
〒101-0051　東京都千代田区神田神保町1-29　市瀬ビル
電話　03-3291-9831（編集部）　03-3294-7829（営業部）
振替　00190-7-192955

印　刷　双文社印刷
製　本　双文社印刷

装　幀　山田和寛＋佐々木英子（nipponia）


ISBN978-4-7917-7511-8